月　日

1日　ひらが

時間　15分【はやい10分・おそい20分】
合格　11問
正答　／13問
シール

1

えと　ことばを　──で　むすびましょう。

さる　うさぎ　うま　ぶた　ねこ　たぬき　かめ

2

ただしい　ほうに　○を　つけましょう。

①
いすに　すわる。
りすに　すわる。

②
えはんを　よむ。
えほんを　よむ。

③
てぶくろを　かう。
てぶくるを　かう。

④
わなげを　する。
わなばを　する。

⑤
まくらを　かう。
もくらを　かう。

⑥
てんぴらを　たべる。
てんぷらを　たべる。

ひらがな かき

1 あいて いる ところに ひらがなを かきましょう。

①	あ	い		え	
②		き	く		こ
③	た		つ		と
④	は			へ	
⑤		し	す		そ
⑥	な			ね	
⑦		り			ろ
⑧		み	む		
⑨		／	ゆ	／	

2 しりとりに なるように ひらがなを かきましょう。

① そ□□□
② □つ□
③ □□□み
④ □□□

3 ひつじゅんの ただしい ほうに ○を つけましょう。

① と
（ ヽ　と ）
（ ㄴ　と ）

② せ
（ 一　七　せ ）
（ 一　ナ　せ ）

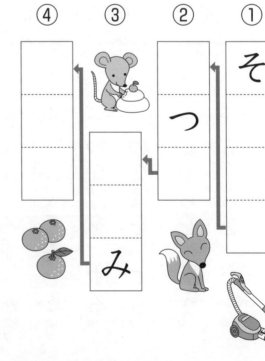

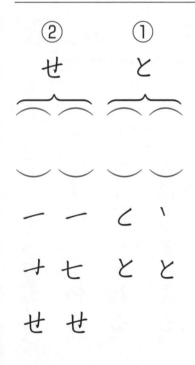

2日 木・口・日・目

1 木

かくすう 4

・ひつじゅんどおりに かきましょう。

1 一
2 十（とめる）
3 オ（はらう）
4 木（はらう）

木

おん ボク・モク

くん き・こ

ぶしゅ 木（き）

—の かんじの よみかたを かきましょう。

木の そば。（　　）

木よう日《び》。（　　）（　　）

木かげ。（　　）

2 口

かくすう 3

・ひつじゅんどおりに かきましょう。

1 丨
2 𠃌
3 口（くっつけて、とじる）

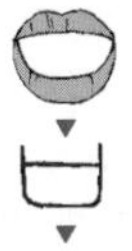
口

おん コウ・ク

くん くち

ぶしゅ 口（くち）

—の かんじの よみかたを かきましょう。

口に くわえる。（　　）

人《じん》口。（　　）〔すんで いる ひとの かず〕

3 日

かくすう 4

・ひつじゅんどおりに かきましょう。

1 丨
2 𠃌
3 月
4 日（おなじはばに）

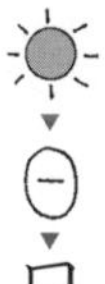
日

おん ニチ・ジツ

くん ひ・か

ぶしゅ 日（ひ）

—の かんじの よみかたを かきましょう。

日よう日。（　　）（　　）

お日さま。（　　）

三《みっ》日。（　　）

4 目

かくすう 5

・ひつじゅんどおりに かきましょう。

1 丨
2 𠃌
3 月
4 月
5 目（つきださない）

目

おん モク・（ボク）

くん め・（ま）

ぶしゅ 目（め）

—の かんじの よみかたを かきましょう。

目ぐすり。（　　）

ぼくの 目。（　　）

科《か》目。（　　）

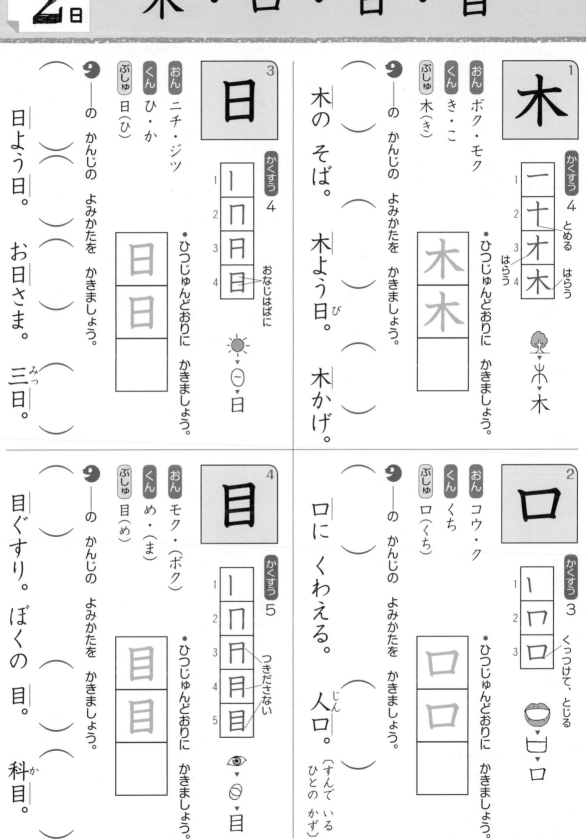

月　日

かいてみよう

時間 15分（はやい10分·おそい20分）
合格 13問
正答 　/16問
シール

1

① □《こ》かげで　あそぶ。

② □《き》に　のぼる。

③ きょうは　□《もく》ようです。

④ 大《たい》□《ぼく》を　きる。

2

① □《くち》に　くわえる。

② せかいの　人《じん》□《こう》。

③ □《くち》を　あける。

④ □《くち》ぶえを　ふく。

3

① 本《ほん》□《じつ》は　やすみです。

② たんじょう□《び》。

③ 五《ご》月《がつ》五《いっ》□《か》。

④ □《ひ》が　のぼる。

4

① □《め》の　まえ。

② □《め》ぐすりを　さす。

③ すきな　科《か》□《もく》。

④ □《め》を　さます。

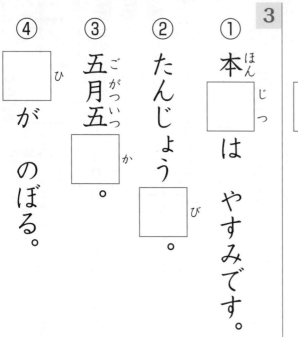

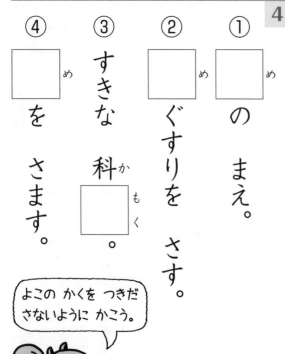

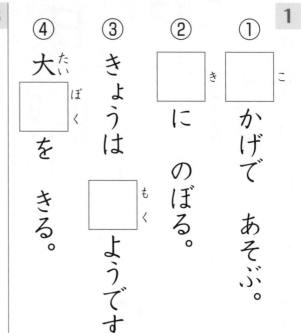

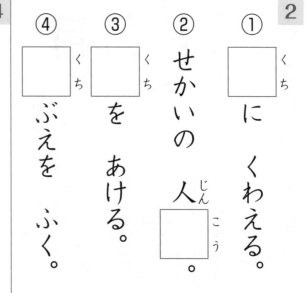

3日　山・林・川・水

5 山

おん　サン
くん　やま
ぶしゅ　山（やま）

かくすう　3

1 丨　2 山　3 山

おって、よこにのばす
すこしつきだす

ひつじゅんに ちゅうい！

・ひつじゅんどおりに　かきましょう。

山　山

●――の　かんじの　よみかたを　かきましょう。

ひくい　山。（　　）

火《か》山。（　　）（　　）

山のぼり。（　　）

6 林

おん　リン
くん　はやし
ぶしゅ　木（きへん）

かくすう　8

1 一　2 十　3 才　4 木　5 木一　6 村　7 材　8 林

とめる
はらう
はらう

・ひつじゅんどおりに　かきましょう。

林　林

●――の　かんじの　よみかたを　かきましょう。

林に　はいる。（　　）

山　林。（　　）（　　）

7 川

おん　（セン）
くん　かわ
ぶしゅ　川（かわ）

かくすう　3

1 丿　2 川　3 川

おろしてはらう
みじかくおろしてとめる
ながくおろしてとめる

・ひつじゅんどおりに　かきましょう。

川　川

●――の　かんじの　よみかたを　かきましょう。

きれいな　川。（　　）

はるの　小《お》川。（　　）（　　）

8 水

おん　スイ
くん　みず
ぶしゅ　水（みず）

かくすう　4

1 亅　2 オ　3 水　4 水

すこしあける
はねる
はらう

かくすうに ちゅうい！

・ひつじゅんどおりに　かきましょう。

水　水

●――の　かんじの　よみかたを　かきましょう。

つめたい　水。（　　）

水よう日。（　　）（　　）

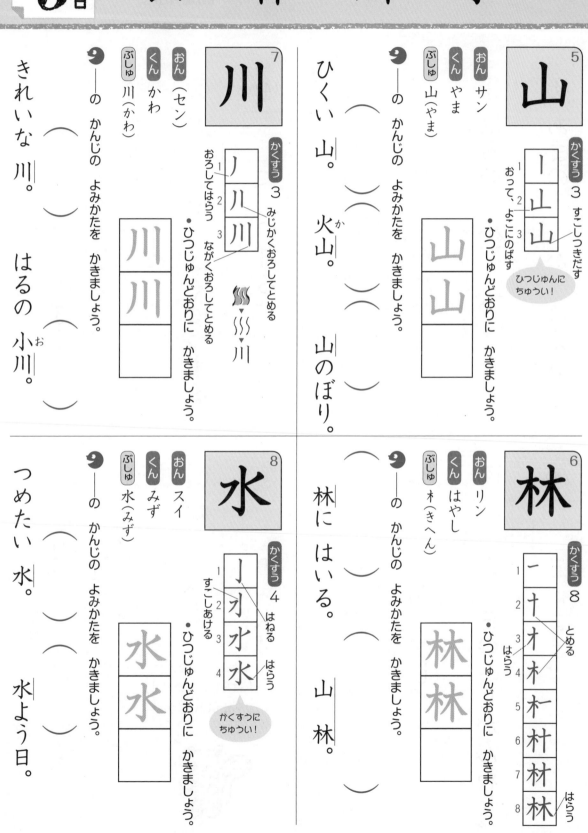

かいてみよう

月　日

時間 15分【はやい10分・おそい20分】
合格 13問
正答 ／16問
シール

5

① ふじ□《さん》に のぼる。

② たかい□《やま》。

③ 火《か》□《ざん》が ばくはつする。

④ □《やま》に のぼる。

6

① うらの□《はやし》に いく。

② まつ□《ばやし》。

③ 森《しん》□《りん》。

④ □《はやし》の 木。

7

① ふかい□《かわ》。

② □《かわ》の ながれ。

③ はるの 小《お》□《がわ》。

④ あまの□《がわ》が みえる。

8

① □《みず》いろの ふく。

② □《すい》どうこうじ。

③ □《すい》よう日の じかんわり。

④ □《みず》を まく。

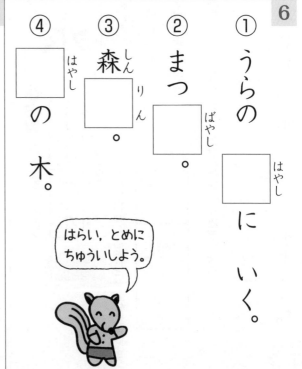

4日 月・手・田・一

9

月

おん　ゲツ・ガツ

くん　つき

ぶしゅ　月（つき）

かくすう　4

1 ノ　2 ⺆　3 月　4 月

まっすぐおろして、はらう　はねる

・ひつじゅんどおりに　かきましょう。

月　月

——の　かんじの　よみかたを　かきましょう。

お月さま。（　　）　月よう日。（　　）　三《さん》月。（　　）

10

手

おん　シュ

くん　て・（た）

ぶしゅ　手（て）

かくすう　4

1 ノ　2 ニ　3 三　4 手

ひだりにはらう　ながく　すこしまるくして、はねる

・ひつじゅんどおりに　かきましょう。

手　手

——の　かんじの　よみかたを　かきましょう。

手を　あげる。（　　）　うんてん手。（　　）

11

田

おん　デン

くん　た

ぶしゅ　田（た）

かくすう　5

1 丨　2 ⼌　3 ⽥　4 田　5 田

つきださない

ひつじゅんに　ちゅうい！

・ひつじゅんどおりに　かきましょう。

田　田

——の　かんじの　よみかたを　かきましょう。

田んぼ。（　　）　水　田。（　　）（　　）　田うえ。（　　）

12

一

おん　イチ・イツ

くん　ひと・ひとつ

ぶしゅ　一（いち）

かくすう　1

1 一

まっすぐよこに　しっかりとめる

・ひつじゅんどおりに　かきましょう。

一　一

——の　かんじの　よみかたを　かきましょう。

一とう。（　　）　一まい。（　　）　一つ。（　　）

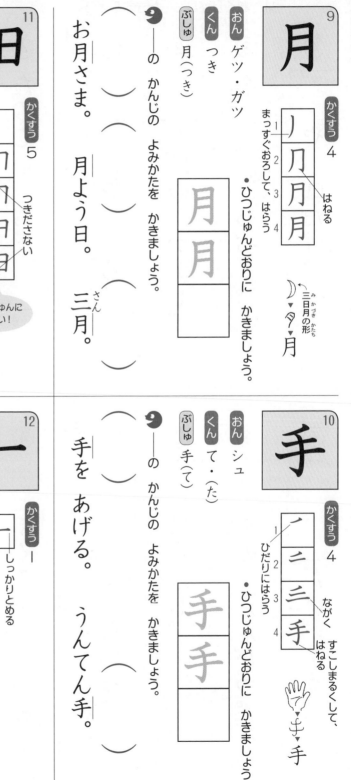

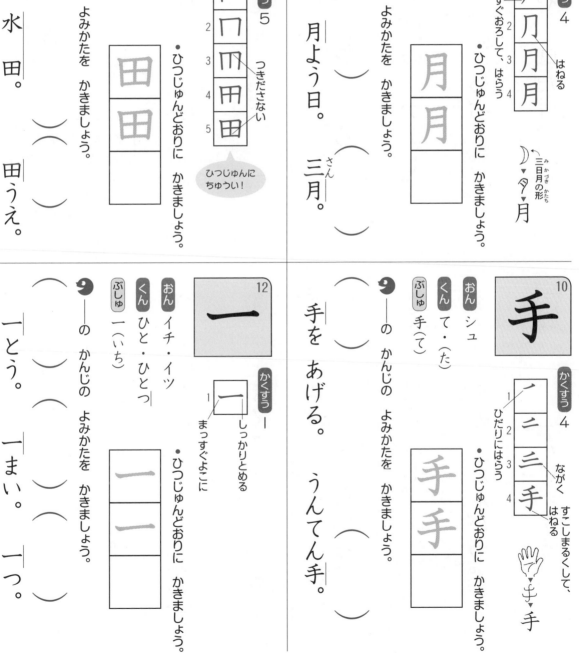

月　日

かいてみよう

時間 15分【はやい10分・おそい20分】
合格 13問
正答 ／16問
シール

※(　　)は　おくりがなも　かきましょう。

9

① 五《ご》□《がつ》五日《いつか》。

② □《げつ》よう日。

③ □《つき》夜《よ》の　ばん。

④ たのしい　お正《しょう》□《がつ》。

10

① おおきな　□《て》。

② □《て》がみを　かく。

③ うんてん□《しゅ》。

④ □《て》ぶくろを　はめる。

11

① □《た》うえを　する。

② □《た》んぼの　かかし。

③ 水□《でん》が　つづく。

④ □《た》や　はたけ。

12

① □□《ひとくち》で　たべる。

② □《いち》ばんぼし。

③ □《いっ》本《ぽん》の　えんぴつ。

④ (　　)《ひとつ》だけ　かう。

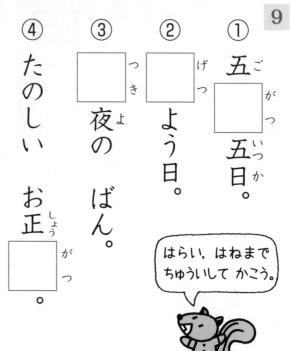

1 ―の かんじの よみかたを かきましょう。

① 手で 口を さわる。

② 一月には お正月《しょう》が ある。

③ 山の 木を きる。

④ 川の 水を のむ。

⑤ ここは 林の 入《い》り口だ。

⑥ 木かげと 日なた。

⑦ 三《みっ》日 目の 月。

⑧ 水で 目を あらう。

⑨ 山 林の そばの 田んぼ。

⑩ 水 田に うつる 月かげ。

ふくしゅうテスト(1) かき

月　日

時間 15分 【はやい10分・おそい20分】
合格 80点 (一つ5点)
得点　　点
シール

1 □には かんじを、(　)には かんじと おくりがなを かきましょう。

① □《やま》おくの 小《お》□《がわ》。

② □《みず》で □《て》を あらう。

③ あすは □《にち》よう □《び》だ。

④ きょうは 五《ご》□《がつ》五《いつ》□《か》だ。

⑤ □《はやし》で □《き》を きる。

⑥ □《いち》ばんぼしを みつける。

⑦ 三《さん》ばん□《め》の 出《で》□《ぐち》。

⑧ □《ひ》あたりが いい。

⑨ □《もく》ひょうは (　　)《ひとつ》だ。

⑩ □《た》うえを てつだう。

⑪ □□《さんりん》に ある 大《たい》□《ぼく》。

⑫ □□《つきひ》が たつ。

6日　二・三・本・四

二　13

おん　ニ

くん　ふた・ふたつ

ぶしゅ　二（に）

かくすう　2

1 一　みじかく
2 二　ながく

・ひつじゅんどおりに　かきましょう。

二　二

—の　かんじの　よみかたを　かきましょう。

一、二、三《さん》。（　　）

二本《ほん》。（　　）（　　）

二つ。（　　）

三　14

おん　サン

くん　み・みつ・みっつ

ぶしゅ　一（いち）

かくすう　3

1 一
2 二　すこしみじかく
3 三　いちばんながく

・ひつじゅんどおりに　かきましょう。

三　三

—の　かんじの　よみかたを　かきましょう。

一、二、三。（　　）

三まい。（　　）

三つ。（　　）

本　15

おん　ホン

くん　もと

ぶしゅ　木（き）

かくすう　5

1 一
2 十
3 才　はらう
4 木　はらう
5 本　くっつけない

・ひつじゅんどおりに　かきましょう。

本　本

—の　かんじの　よみかたを　かきましょう。

一さつの　本。（　　）

一本の　木。（　　）（　　）

四　16

おん　シ

くん　よ・よつ・よっつ・よん

ぶしゅ　口（くにがまえ）

かくすう　5

1 丨
2 冂
3 巾　はらう
4 匹　まげて、くっつける
5 四

・ひつじゅんどおりに　かきましょう。

四　四

—の　かんじの　よみかたを　かきましょう。

四かい。（　　）

四人《にん》。（　　）

四月。（　　）

月　日

かいてみよう

時間 15分【はやい10分・おそい20分】　正答　/16問　シール
合格 13問

13

① 一、□《に》、三。

② はがきが □《に》 まい。

③ ほしが （　）《ふたつ》 みえる。

④ くすりが □《ふた》 つぶ ある。

14

① 一、二、□《さん》。

② □《さん》この あめ。

③ （　）《みっつ》の ふうせん。

④ 一月 □□《みっか》。

15

① こくごの □《ほん》。

② □□《ほんじつ》は やすみです。

③ □《ほん》やへ いく。

④ えんぴつが □□《いっぽん》。

16

① 三、□《し》、五《ご》。

② 一月 □□《よっか》。

③ □《よ》人《にん》ぶんの おやつ。

④ □《よん》こ ください。

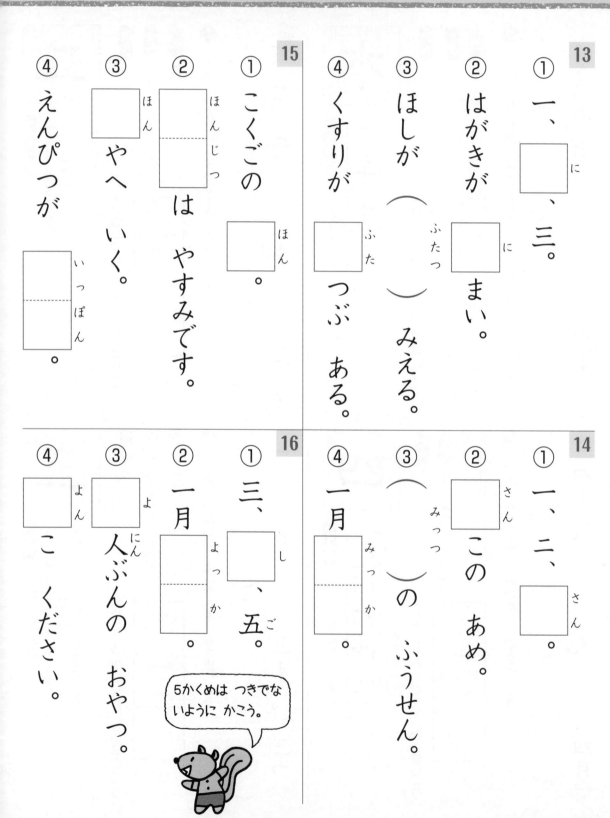

7日　五・六・七・八

五　17

おん　ゴ

くん　いつ・いつ|つ

ぶしゅ　二（に）

かくすう　4

1 一　2 丆　3 五　4 五

ななめしたに　うえにつきださない　ながく

線《せん》が交《まじ》わる形《かたち》　→五

●ひつじゅんどおりに　かきましょう。

五　五

―の　かんじの　よみかたを　かきましょう。

五|月。（　　）

五|日。（　　）（　　）

五|つ。（　　）

六　18

おん　ロク

くん　む・む|つ・むっ|つ・むい

ぶしゅ　八（はち）

かくすう　4

1 丶　2 亠　3 六　4 六

くっつける　はらう　とめる

●ひつじゅんどおりに　かきましょう。

六　六

―の　かんじの　よみかたを　かきましょう。

六|つ。（　　）

六|こ。（　　）

三月六|日。（　　）（　　）

七　19

おん　シチ

くん　なな・なな|つ・なの

ぶしゅ　一（いち）

かくすう　2

1 一　2 七

すこしななめうえに　とめる　まげる

●ひつじゅんどおりに　かきましょう。

七　七

―の　かんじの　よみかたを　かきましょう。

七|人《にん》。（　　）

七|日。（　　）（　　）

七|つ。（　　）

八　20

おん　ハチ

くん　や・や|つ・やっ|つ・よう

ぶしゅ　八（はち）

かくすう　2

1 ノ　2 八

ひだりにはらう　みぎにはらう　あける

●ひつじゅんどおりに　かきましょう。

八　八

―の　かんじの　よみかたを　かきましょう。

八|十《じゅう》（　　）

八|夜《や》。（　　）

八|日。（　　）（　　）

八|つ。（　　）

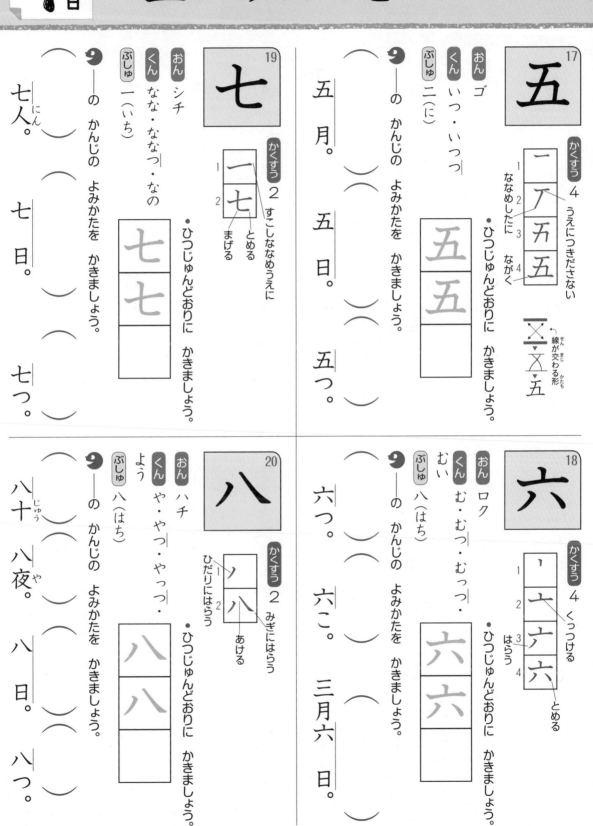

かいてみよう

月　日

時間 15分 【はやい10分・おそい20分】　正答 ／16問　合格 13問　シール

17

① 三月□□《いつか》。

② □□《ごほん》の ゆび。

③ いちごが （　）《いつつ》。

④ （　）《いつつ》子《ご》の きょうだい。

18

① 四月□□《むいか》。

② クレヨンが □□《ろっぽん》。

③ はこが （　）《むっつ》。

④ きってが □《ろく》 まい。

19

① □□《しちがつ》の カレンダー。

② □《しち》人《にん》の こびと。

③ □□《なのか》かんの やすみ。

④ □《なな》ひきの いぬ。

20

① りんごが （　）《やっつ》。

② たこの あしは □□《はちほん》。

③ 三月□□《ようか》。

④ はちが □《はち》 ひき。

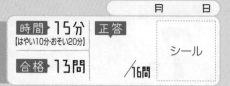

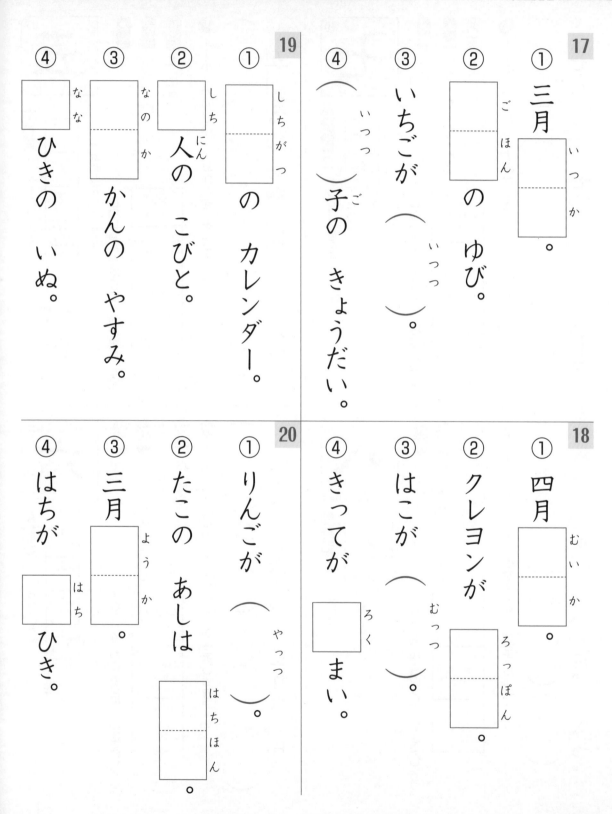

8日　九・十・金・見

21 九

かくすう 2

1	ノ（おおきく はらう）
2	九（まげて、うえに はねる）

ひつじゅんに ちゅうい！

おん　キュウ・ク

くん　ここの・ここのつ

ぶしゅ　乙（おつ）

• ひつじゅんどおりに　かきましょう。

九　九　

● ―の　かんじの　よみかたを　かきましょう。

九こ。（　　）

九つ。（　　）

九月。（　　）

22 十

かくすう 2

1	一
2	十（よこぼうの まんなかに）

おん　ジュウ・ジッ

くん　とお・と

ぶしゅ　十（じゅう）

• ひつじゅんどおりに　かきましょう。

十　十　

● ―の　かんじの　よみかたを　かきましょう。

十五夜《や》。（　　）

十日。（　　）

十本。（　　）

23 金

かくすう 8

1	ノ
2	𠆢（くっつける）
3	亼
4	今
5	仐（つきださない）
6	余
7	余
8	金

おん　キン・コン

くん　かね・かな

ぶしゅ　金（かね）

• ひつじゅんどおりに　かきましょう。

金　金　

● ―の　かんじの　よみかたを　かきましょう。

金よう日。（　　）

お金。（　　）

金づち。（　　）

24 見

かくすう 7

1	丨
2	冂
3	冃
4	月
5	目
6	目（はらう）
7	見（まげて、うえに はねる）

おん　ケン

くん　みる・みえる・みせる

ぶしゅ　見（みる）

• ひつじゅんどおりに　かきましょう。

見　見　

● ―の　かんじの　よみかたを　かきましょう。

見る。（　　）

見える。（　　）

見学《がく》。（　　）

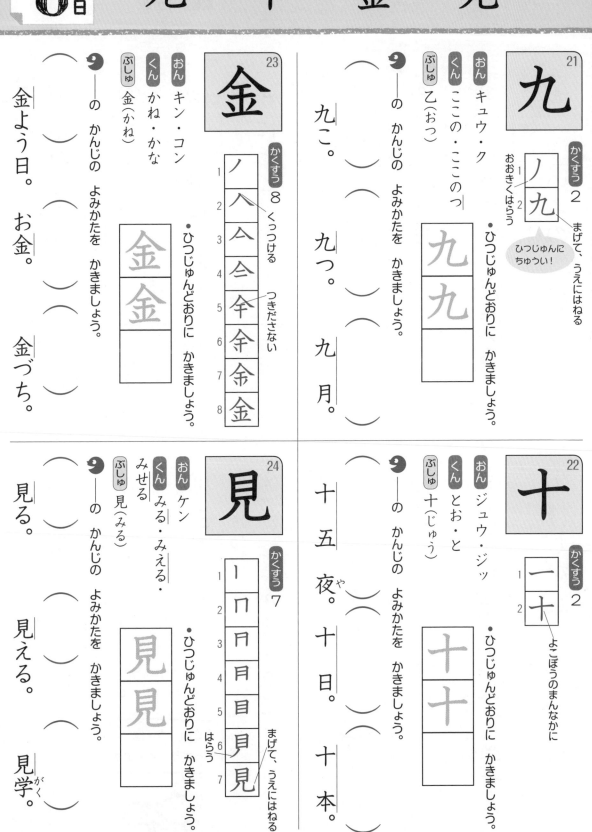

月　日

かいてみよう

時間 15分【はやい10分・おそい20分】
合格 13問
正答 ／16問
シール

21

① この　子《こ》は（　）《ここのつ》だ。

② きくが□□《きゅうほん》さく。

③ □《く》時《じ》に　ねる。

④ にわとりが□《きゅう》わ。

22

① かみが□《じゅう》まい。

② □□《じっぽん》の　木。

③ 三月□□《とおか》。

④ □《とお》、かぞえなさい。

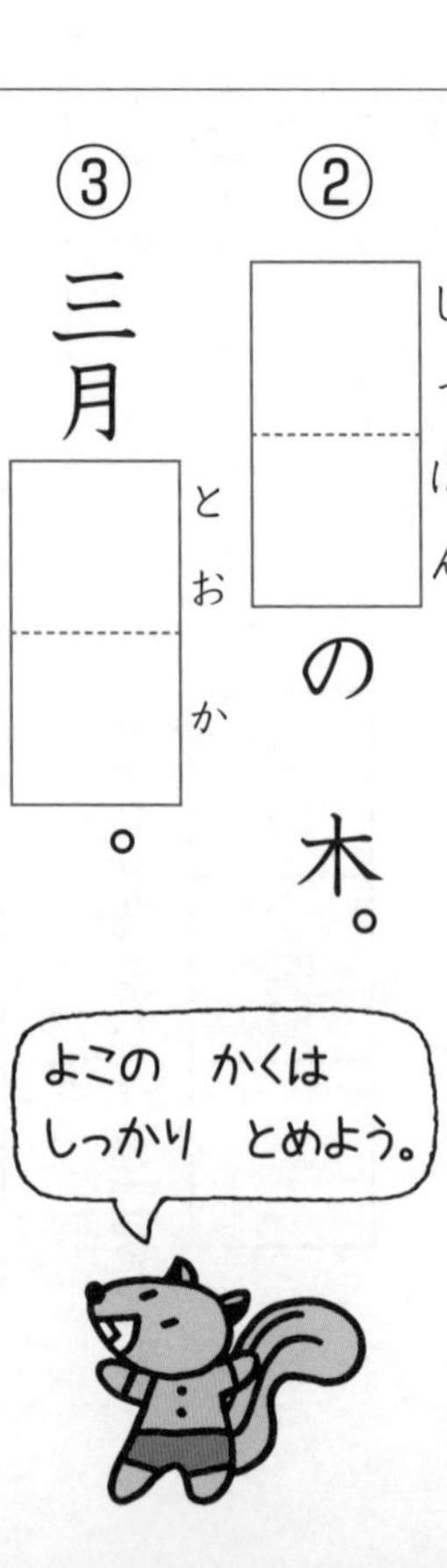

23

① お□《かね》もち。

② □《きん》よう日。

③ □《かな》づちで　たたく。

④ □《きん》いろの　おりがみ。

24

① とおくを（　）《みる》。

② せんせいに（　）《みせる》。

③ こうじょうを□《けん》学《がく》する。

④ ほしが（　）《みえる》。

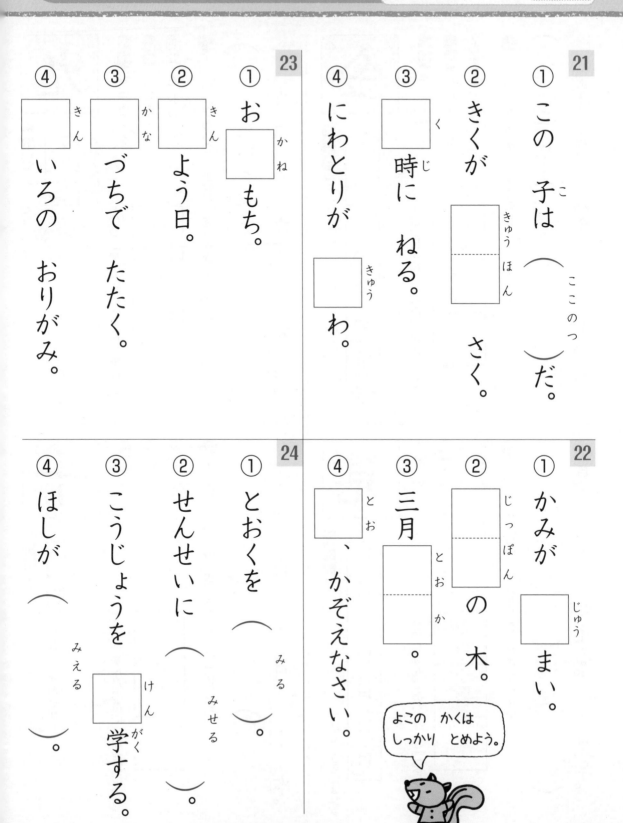

9日 ふくしゅうテスト(2) よみ

月　日

時間 15分【はやい10分・おそい20分】
合格 80点（一つ5点）
得点　点
シール

1 ―の かんじの よみかたを かきましょう。

① 四日と 五日。

② 六日と 七日。

③ 八日と 九日。

④ 二つと 八つに わける。

⑤ 十人《にん》で 見学《がく》する。

⑥ 二月一日は 金よう日。

⑦ 七月十日に かえる。

⑧ 金づちで 五かい たたく。

⑨ 本日は やすみです。

⑩ 七つの ほしが 見える。

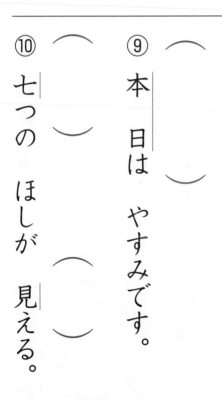

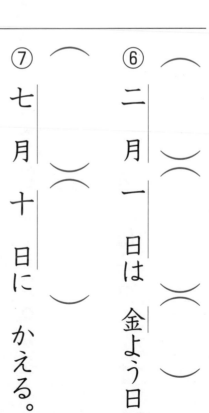

ふくしゅうテスト(2) かき

月　日

時間 15分【はやい10分・おそい20分】

合格 80点（一つ5点）

得点　　点

シール

1 □には かんじを、（　）には かんじと おくりがなを かきましょう。

① □《きん》せいを（　）《みる》。

② □《に》さつの □《ほん》。

③ □《さん》さいと □《ご》さい。

④ □□□《ろくじゅうきゅう》さいの ひと。

⑤ みかんが □《よん》こ。

⑥ □□《ようか》と □□《ここのか》。

⑦ （　）《ふたつ》、（　）《みっつ》、（　）《よっつ》。

⑧ □《ほん》だなを しらべる。

⑨ □□《しちがつ》 □□《とおか》。

⑩ しばいを □《けん》ぶつする。

⑪ お□《かね》を はらう。

⑫ （　）《いつつ》と（　）《ここのつ》。

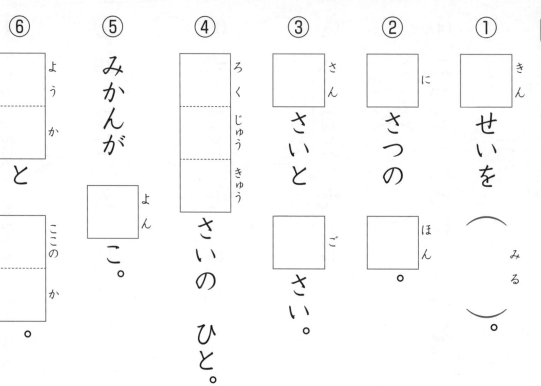

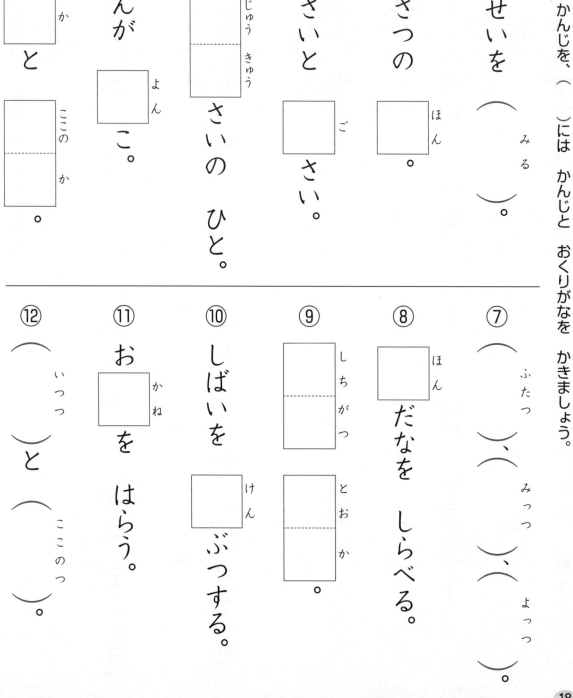

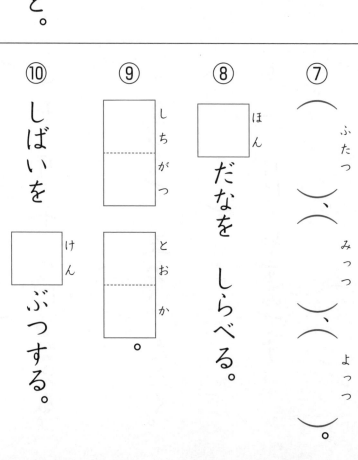

まとめテスト(1) よみ

月　日

時間 15分【はやい10分・おそい20分】
合格 80点（一つ4点）
得点　点
シール

1 ——の かんじの よみかたを かきましょう。

① 一月十日は 月よう日。

② 二月七日は 水よう日。

③ 三月八日と 九日。

④ あく手を する。

⑤ 三つの 山林を もつ。

⑥ 田んぼに 水を いれる。

⑦ 目と 口と 手。

⑧ 林の 木を 十本 きる。

⑨ 木よう日と 金よう日。

⑩ 山と 川が よく 見える。

まとめテスト(1) かき

月　日

時間 15分【はやい10分・おそい20分】 得点　点 シール
合格 80点（一つ5点）

1 □には かんじを、（　）には かんじと おくりがなを かきましょう。

① 大《おお》□《がね》もちに なる。

② （　《ななつ》）の 子《こ》。

③ □《よん》だいの くるま。

④ □《た》んぼに □《みず》を ひく。

⑤ こうじょう □《けん》学《がく》。

⑥ □□《くがつ》まで やすむ。

⑦ □□《てほん》を （　《みる》）。

⑧ □□□□《いちがついつか》。

⑨ □《さん》 たす □《しち》は □《じゅう》。

⑩ □《かな》づちが （　《むっつ》） ある。

⑪ □《め》と □《くち》と □《て》。

⑫ □《はやし》の □《き》を きる。

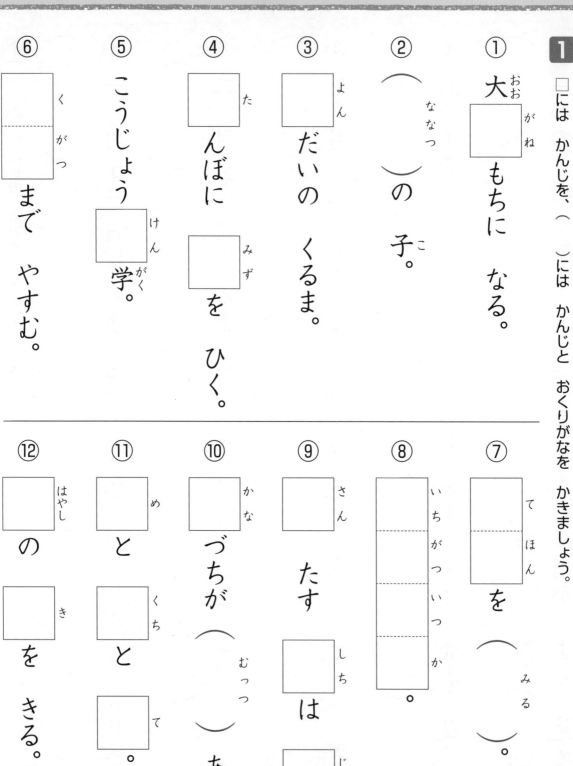

11日　中・人・足・大

25 中

おん　チュウ・ジュウ
くん　なか
ぶしゅ　丨（ぼう・たてぼう）

かくすう　4
1 丨　2 口　3 口　4 中
まんなかに、まっすぐのばす

・ひつじゅんどおりに　かきましょう。
中　中

――の　かんじの　よみかたを　かきましょう。
山の　中。（　　）
中心《しん》。（　　）
一日　中。（　　）

26 人

おん　ジン・ニン
くん　ひと
ぶしゅ　人（ひと）

かくすう　2
1 ノ　2 人
おおきくはらう　くっつける　みぎにはらう

・ひつじゅんどおりに　かきましょう。
人　人

――の　かんじの　よみかたを　かきましょう。
人に　きく。（　　）
三　人。（　　）
一　人。（　　）

27 足

おん　ソク
くん　あし・たりる・たす・たる
ぶしゅ　足（あし）

かくすう　7
1 丨　2 口　3 口　4 早　5 早　6 𧾷　7 足
くっつける　おおきくはらう　みじかくはらう　おおきくはらう

・ひつじゅんどおりに　かきましょう。
足　足

――の　かんじの　よみかたを　かきましょう。
足を　あげる。（　　）
足りない。（　　）
えん足。（　　）

28 大

おん　ダイ・タイ
くん　おおきい・おおいに・おお
ぶしゅ　大（だい）

かくすう　3
1 一　2 ナ　3 大
ながく　つきだして、おおきくはらう　くっつけて、みぎにはらう

・ひつじゅんどおりに　かきましょう。
大　大

――の　かんじの　よみかたを　かきましょう。
大きい。（　　）
大切《せつ》。（　　）
大　人。（　　）

かいてみよう

月　日

時間 15分 【はやい10分・おそい20分】
合格 13問
正答 ／16問
シール

25

① いえの □《なか》。

② □《ちゅう》学生《がくせい》の おにいさん。

③ 今日《きょう》 □《じゅう》に おわらせる。

④ 林の □《なか》を あるく。

26

① □《ひと》の まねを する。

② □□《ろくにん》で あそぶ。

③ □《にん》げんの からだ。

④ わたしは 日本 □《じん》です。

27

① □《あし》を あげる。

② これだけで （　　）《たりる》。

③ くつを □□《いっそく》 かう。

④ えん□《そく》に いく。

28

① （　　）《おおきな》 木。

② □□《たいぼく》を きる。

③ そうり□《だい》じん。

④ □《おお》おとこ。

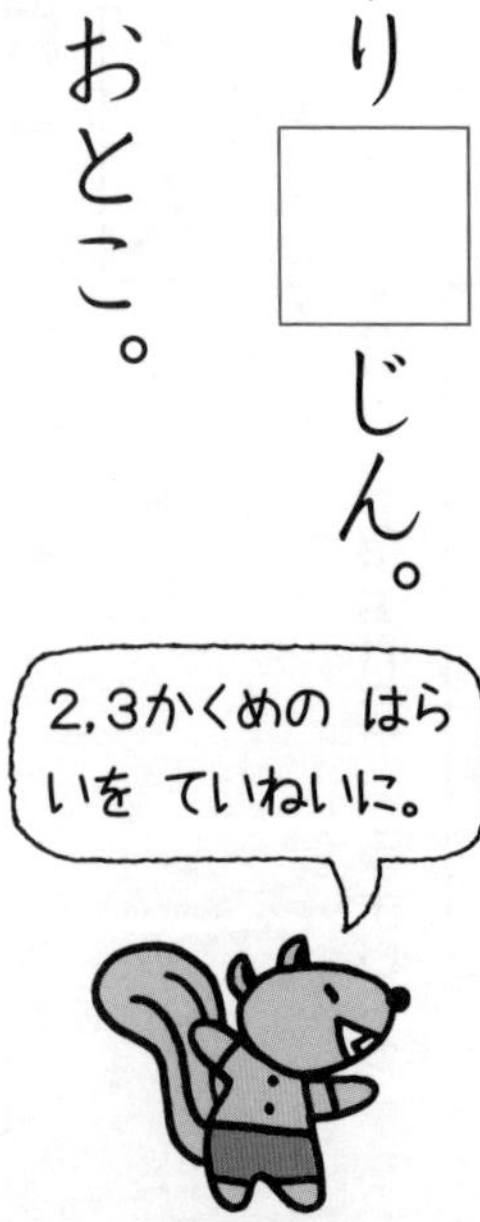

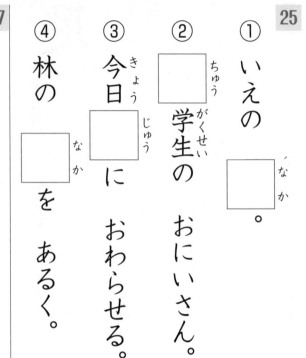

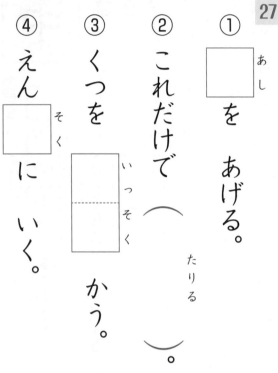

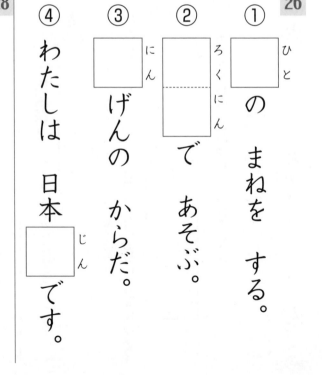

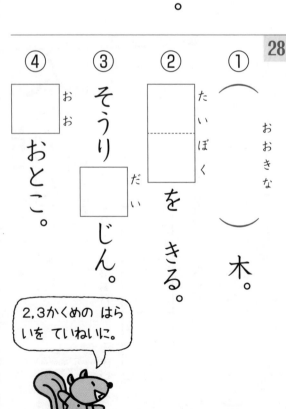

12日　入・小・青・立

29 入

おん　ニュウ

くん　いる・いれる・はいる

ぶしゅ　入（いる）

かくすう　2

1 ノ（はらう）
2 入（くっつける）

ひつじゅんに ちゅうい！

・ひつじゅんどおりに　かきましょう。

入　入

―の　かんじの　よみかたを　かきましょう。

中へ　入る。（　　）

入れもの。（　　）

入学《がく》。（　　）

30 小

おん　ショウ

くん　ちいさい・こ・お

ぶしゅ　小（しょう）

かくすう　3

1 亅（はねる）
2 小（はらう）
3 小（とめる）

ひつじゅんに ちゅうい！

・ひつじゅんどおりに　かきましょう。

小　小

―の　かんじの　よみかたを　かきましょう。

小さい。（　　）

小学《がく》生《せい》。（　　）

小　川。（　　）

31 青

おん　セイ・（ショウ）

くん　あお・あおい

ぶしゅ　青（あお）

かくすう　8

1 一
2 十（つきだす）
3 丰
4 龶（ながく）
5 龶（とめる）
6 青（はねる）
7 青
8 青

・ひつじゅんどおりに　かきましょう。

青　青

―の　かんじの　よみかたを　かきましょう。

青い　うみ。（　　）

青年《ねん》。（　　）

青いろ。（　　）

32 立

おん　リツ・（リュウ）

くん　たつ・たてる

ぶしゅ　立（たつ）

かくすう　5

1 丶（たてに）
2 亠
3 亣
4 立
5 立（うえよりながく）

・ひつじゅんどおりに　かきましょう。

立　立

―の　かんじの　よみかたを　かきましょう。

立ち見。（　　）

ぼうを　立てる。（　　）

起《き》立する。（　　）

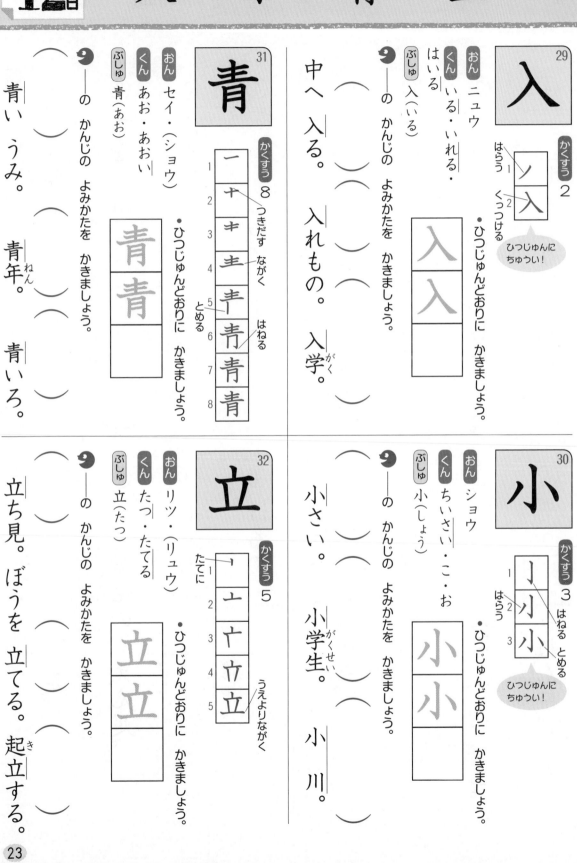

月　日

かいてみよう

時間 15分【はやい10分・おそい20分】
合格 13問
正答　／16問
シール

29

① □《にゅう》学《がく》しき。

② 本を　はこに　（　　）《いれる》。

③ ふろに　（　　）《はいる》。

④ （　　）《いり》口で　まつ。

30

① （　　）《ちいさい》足。

② □《しょう》学生《がくせい》の　えん足。

③ 七人の　□□《こびと》。

④ はるの　□□《おがわ》。

31

① □《あお》空《ぞら》の　しろい　くも。

② 少年《しょうねん》と　□《せい》年《ねん》。

③ （　　）《あおい》目を　した　人。

④ □《あお》しんごうで　わたる。

32

① （　　）《たち》上《あ》がる。

② えんぴつを　（　　）《たてる》。

③ 山の　うえに　（　　）《たつ》。

④ そう□《りつ》きねん日。

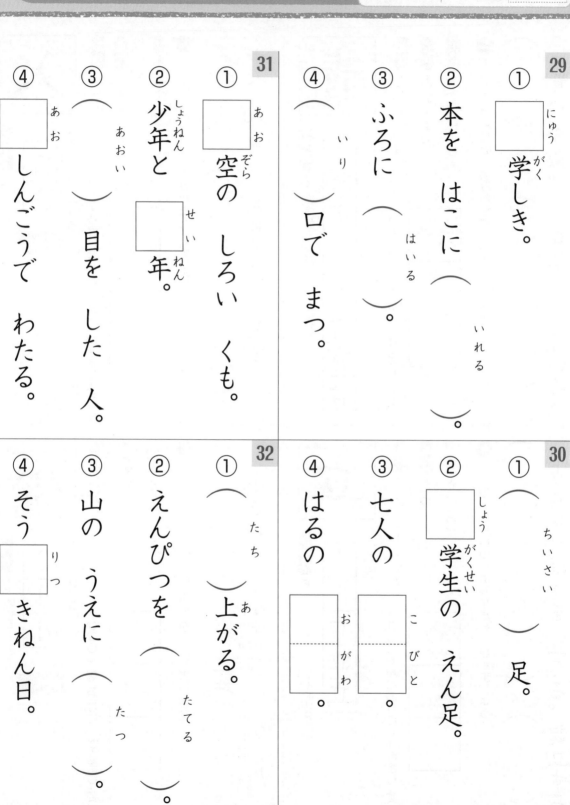

13日　力・空・年・子

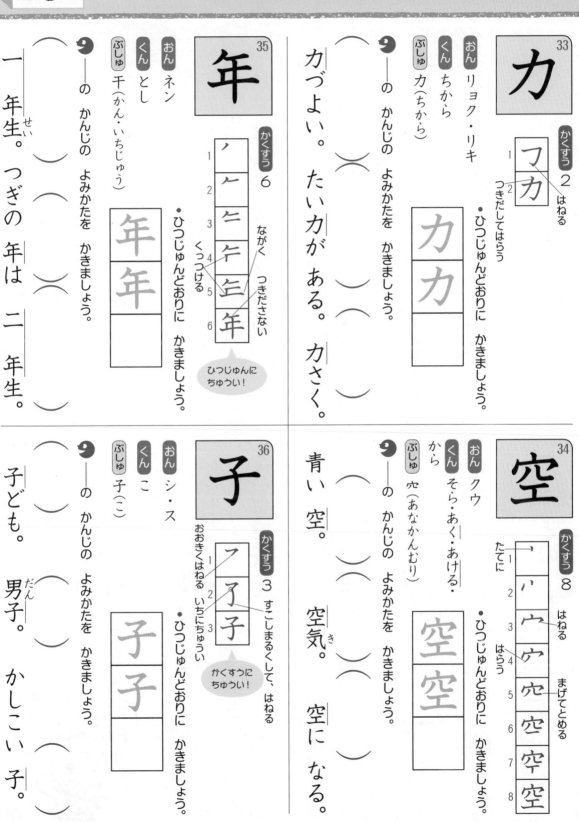

33 力

おん　リョク・リキ
くん　ちから
ぶしゅ　力（ちから）

かくすう 2
はねる
つきだしてはらう

・ひつじゅんどおりに　かきましょう。

力　力

—の　かんじの　よみかたを　かきましょう。

力づよい。（　）　たい力が　ある。（　）　力さく。（　）

34 空

おん　クウ
くん　そら・あく・あける・から
ぶしゅ　穴（あなかんむり）

かくすう 8
たてに
はねる
はらう
まげてとめる

・ひつじゅんどおりに　かきましょう。

空　空

—の　かんじの　よみかたを　かきましょう。

青い　空。（　）　空気《き》。（　）　空に　なる。（　）

35 年

おん　ネン
くん　とし
ぶしゅ　干（かん・いちじゅう）

かくすう 6
ながく
くっつける
つきださない

ひつじゅんに
ちゅうい！

・ひつじゅんどおりに　かきましょう。

年　年

—の　かんじの　よみかたを　かきましょう。

一　年生《せい》。（　）（　）　つぎの　年は（　）　二　年生。（　）

36 子

おん　シ・ス
くん　こ
ぶしゅ　子（こ）

かくすう 3
おおきくはねる
いちにちゅうい
すこしまるくして、はねる

かくすうに
ちゅうい！

・ひつじゅんどおりに　かきましょう。

子　子

—の　かんじの　よみかたを　かきましょう。

子ども。（　）　男《だん》子。（　）　かしこい　子。（　）

月　日

かいてみよう

時間 15分【はやい10分・おそい20分】
合格 13問
正答 /16問
シール

33

① □《ちから》いっぱい　なげる。

② ぜん□《りょく》で　とりくむ。

③ □《ちから》を　あわせる。

④ □《りき》さくが　そろう。

34

① 青い　□《そら》。

② □《くう》気《き》を　すう。

③ □《から》っぽの　はこ。

④ せきを（　　　）《あける》。

35

① ぼくは　□□《いちねん》生《せい》だ。

② □□《ごねん》まえの　できごと。

③ □《とし》上《うえ》の　ともだち。

④ □《とし》を　とる。

36

① □《こ》どもの　日。

② がまんづよい　□《こ》。

③ 男《だん》□《し》が　さきに　はしる。

④ うまの　おや□《こ》。

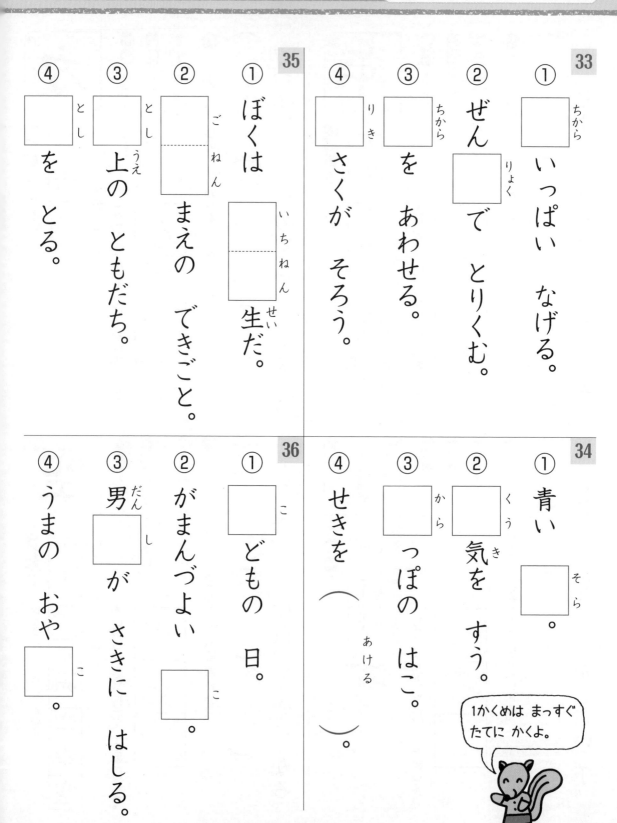

郵便はがき

お手数ですが
切手をおはり
ください。

5 5 0-0 0 1 3

大阪市西区新町3-3-6

受験研究社

愛読者係 行

●ご住所 □□□-□□□□

TEL(

●お名前 ※任意 (男・女

●在学校 □保育園・幼稚園 □中学校 □専門学校・大学 学年
□小学校 □高等学校 □その他( ) (歳

●お買い上げ
書店名(所在地) 書店(市 区 町 村

★すてきな賞品をプレゼント！
お送りいただきました愛読者カードは、毎年12月末にしめきり，抽選のうえ100名様にすてきな賞品をお贈りいたします。

★LINEでダブルチャンス！
公式LINEを友達追加頂きアンケートにご回答頂くと，上記プレゼントに加え，夏と冬の特別抽選会で記念品をプレゼントいたします！

※当選者の発表は賞品の発送をもってかえさせていただきます。 https://lin.ee/cWvAht

株式会社増進堂・受験研究社

愛読者カード

本書をお買い上げいただきましてありがとうございます。あなたのご意見・ご希望を参考に，今後もより良い本を出版していきたいと思います。ご協力をお願いします。

1. この本の書名(本のなまえ)　　お買い上げ

年　　月

2. どうしてこの本をお買いになりましたか。

□書店で見て　□先生のすすめ　□友人・先輩のすすめ　□家族のすすめで
□塾のすすめ　□WEB・SNSを見て　□その他(　　　　　　)

3. 当社の本ははじめてですか。

□はじめて　□2冊目　□3冊目以上

4. この本の良い点，改めてほしい点など，ご意見・ご希望をお書きください。

5. 今後どのような参考書・問題集の発行をご希望されますか。あなたのアイデアをお書きください。

6. 塾や予備校，通信教育を利用されていますか。

塾・予備校名 [　　　　　　　　]
通信教育名 [　　　　　　　　]

企画の参考，新刊等のご案内に利用させていただきます。　2024.2

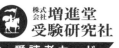

14日 ふくしゅうテスト(3)

よみ

月　日

時間 15分【はやい10分・おそい20分】
合格 80点（一つ5点）
得点　点
シール

1 ——の かんじの よみかたを かきましょう。

① 森《もり》の 中に 入る。

② 青年が 立って いる。

③ 小川に 足を 入れる。

④ ど力が 足りない。

⑤ 山に えん足に いく。

⑥ 大と、中と、小の はこ。

⑦ となりの せきが 空く。

⑧ 年上《うえ》の 子と あそぶ。

⑨ 力の つよい 人。

⑩ 青空が 大きく ひろがる。

ふくしゅうテスト(3) かき

月　日

時間 15分 [はやい10分・おそい20分]
合格 80点 (一つ5点)
得点　点
シール

1 □には かんじを、（　）には かんじと おくりがなを かきましょう。

① □□《だいしょう》を くらべる。

② （　　）《おおきい》 □□《さんねん》生《せい》。

③ □《から》の はこに （　　）《いれる》。

④ □《あし》から □《なか》に （　　）《はいる》。

⑤ この えは □《りき》さくだ。

⑥ （　　）《あおい》 □《そら》。

⑦ □□《てあし》が （　　）《ちいさい》。

⑧ □《りっ》こうほで きめる。

⑨ （　　）《たち》上《あ》がる。

⑩ □《ちから》が （　　）《たりない》。

⑪ あたらしい □《とし》が あける。

⑫ □《こ》どもの □《ねん》れい。

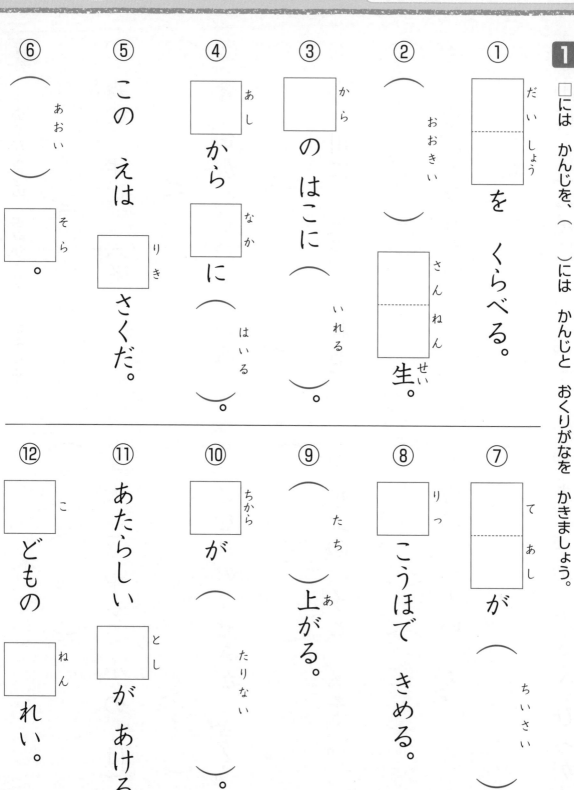

15日　白・右・男・女

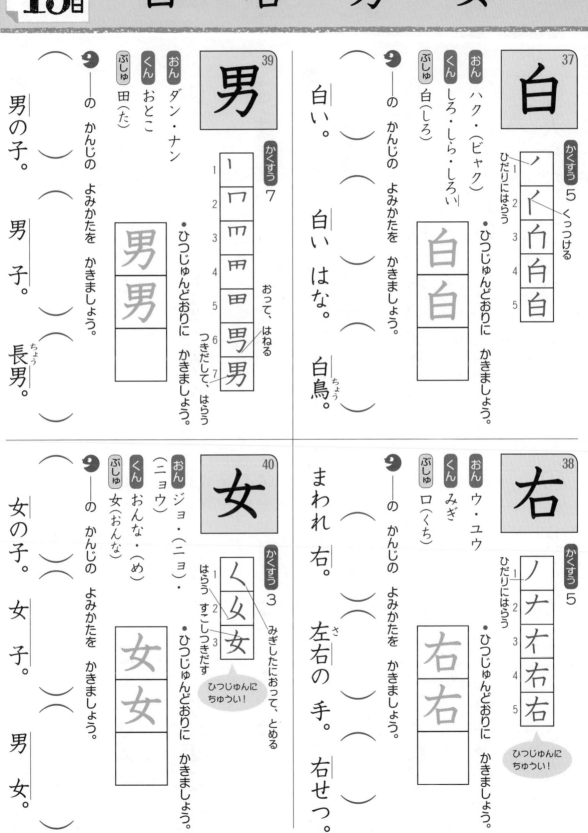

37 白

おん　ハク・(ビャク)

くん　しろ・しら・しろい

ぶしゅ　白(しろ)

かくすう　5

1 ひだりにはらう
2 くっつける

・ひつじゅんどおりに　かきましょう。

白
白

——の　かんじの　よみかたを　かきましょう。

白い。(　　)

白い　はな。(　　)

白鳥《ちょう》。(　　)

38 右

おん　ウ・ユウ

くん　みぎ

ぶしゅ　口(くち)

かくすう　5

1 ひだりにはらう

ひつじゅんに ちゅうい!

・ひつじゅんどおりに　かきましょう。

右
右

——の　かんじの　よみかたを　かきましょう。

まわれ　右。(　　)

左《さ》右の　手。(　　)

右せつ。(　　)

39 男

おん　ダン・ナン

くん　おとこ

ぶしゅ　田(た)

かくすう　7

6 おって、はねる
7 つきだして、はらう

・ひつじゅんどおりに　かきましょう。

男
男

——の　かんじの　よみかたを　かきましょう。

男の子。(　　)

男子。(　　)

長《ちょう》男。(　　)

40 女

おん　ジョ・(ニョ)・(ニョウ)

くん　おんな・(め)

ぶしゅ　女(おんな)

かくすう　3

1 みぎしたにおって、とめる
2 はらう
3 すこしつきだす

ひつじゅんに ちゅうい!

・ひつじゅんどおりに　かきましょう。

女
女

——の　かんじの　よみかたを　かきましょう。

女の子。(　　)

女子。(　　)

男女。(　　)

かいてみよう

時間 15分【はやい10分・おそい20分】　合格 13問　正答 　/16問　シール

37

① □《しろ》と　くろ。

② （　）《しろい》くも。

③ □□《くうはく》に　じを　かく。

④ まっ（　）《しろい》かみ。

38

① □《みぎ》を　むく。

② 左《さ》□《ゆう》を　よく　見る。

③ くるまが　□《う》せつする。

④ □□《みぎて》を　あげる。

39

① 三人の　□《おとこ》の子。

② □□《だんし》は　あつまれ。

③ たのもしい　長《ちょう》□《なん》。

④ 大きな　□《おとこ》の　人。

40

① □《おんな》の　人。

② □□《じょし》は　あつまれ。

③ かわいい　□《おんな》の子。

④ きれいな　王《おう》□《じょ》さま。

16日 天・村・町・上

41 天

おん テン
くん あま・(あめ)
ぶしゅ 大(だい)

かくすう 4

1 一 2 二 3 チ 4 天

うえよりみじかく　ながく　はらう　つきださない　はらう

•ひつじゅんどおりに かきましょう。

天 天

—の かんじの よみかたを かきましょう。

天に とどく。( )
天国《ごく》。( )
天の川。( )

43 町

おん チョウ
くん まち
ぶしゅ 田(たへん)

かくすう 7

1 丨 2 冂 3 冊 4 田 5 田 6 田一 7 町

はねる

•ひつじゅんどおりに かきましょう。

町 町

—の かんじの よみかたを かきましょう。

町外《はず》れ。( )
町長。( )
町の 中。( )

42 村

おん ソン
くん むら
ぶしゅ 木(きへん)

かくすう 7

1 一 2 十 3 才 4 木 5 木一 6 村 7 村

とめる　つきだす　はねる

•ひつじゅんどおりに かきましょう。

村 村

—の かんじの よみかたを かきましょう。

村へ いく。( )
小さな 村。( )
村長《ちょう》。( )

44 上

おん ジョウ・(ショウ)
くん うえ・かみ・うわ・あげる・あがる・のぼる・(のぼせる)・(のぼす)
ぶしゅ 一(いち)

かくすう 3

1 丨 2 ト 3 上

くっつける　ながく

ひつじゅんに ちゅうい！

•ひつじゅんどおりに かきましょう。

上 上

—の かんじの よみかたを かきましょう。

くもの 上に 上がる。( )( )
上空。( )

かいてみよう

時間 15分【はやい10分・おそい20分】　正答 ／16問　シール
合格 13問

41

① □《てん》国《ごく》の　おはなし。

② きれいな　□《あま》の川。

③ たこが　□《てん》に　まう。

④ □《てん》気《き》が　よい。

42

① □《むら》まつりの　たいこ。

② しずかな　□《むら》。

③ のう□《そん》で　はたらく。

④ □《むら》外《はず》れの　おじぞうさん。

43

① にぎやかな　□《まち》。

② □《まち》の　まん中。

③ □《まち》外れに　いえが　ある。

④ □《ちょう》名《めい》。〈まちの　なまえ〉

44

① 山の　ちょう□《じょう》。

② くもの　□《うえ》。

③ 立ち（　　）《あがる》。

④ □□《じょうくう》を　見る。

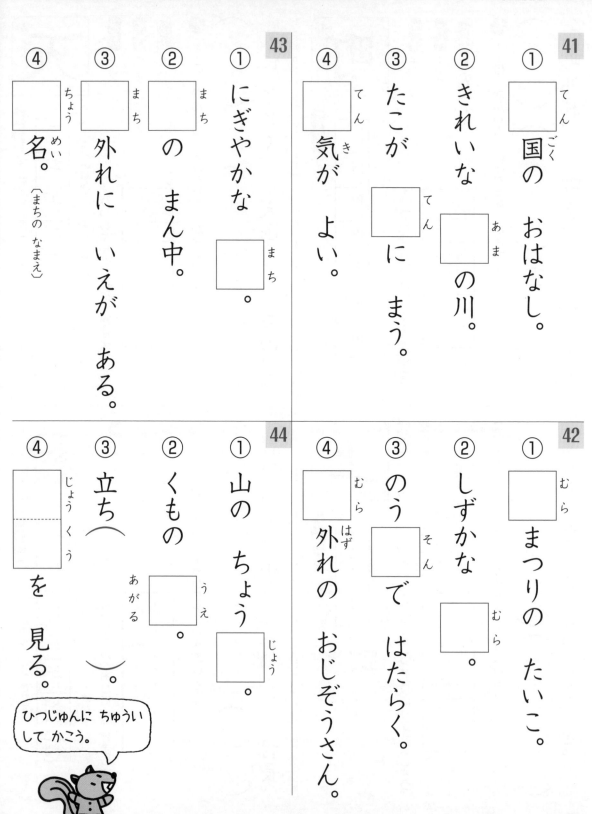

17日 音・雨・森・犬

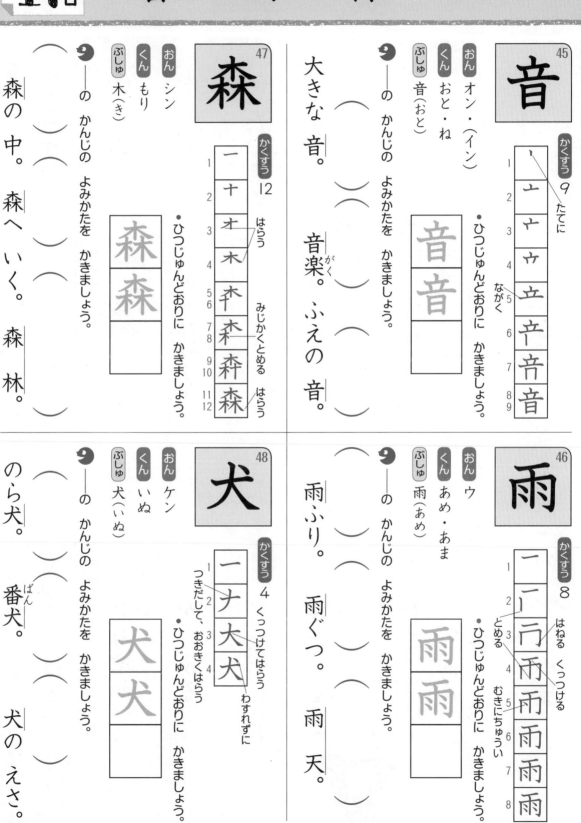

45 音

おん　オン・（イン）
くん　おと・ね
ぶしゅ　音（おと）
かくすう　9

たてに　ながく

・ひつじゅんどおりに　かきましょう。

音　音

—の　かんじの　よみかたを　かきましょう。

大きな　音。（　　）
音楽《がく》。（　　）（　　）
ふえの　音。（　　）

46 雨

おん　ウ
くん　あめ・あま
ぶしゅ　雨（あめ）
かくすう　8

はねる　くっつける　とめる　むきにちゅうい

・ひつじゅんどおりに　かきましょう。

雨　雨

—の　かんじの　よみかたを　かきましょう。

雨ふり。（　　）
雨ぐつ。（　　）
雨　天。（　　）（　　）

47 森

おん　シン
くん　もり
ぶしゅ　木（き）
かくすう　12

はらう　みじかくとめる　はらう

・ひつじゅんどおりに　かきましょう。

森　森

—の　かんじの　よみかたを　かきましょう。

森の　中。（　　）
森へ　いく。（　　）
森　林。（　　）（　　）

48 犬

おん　ケン
くん　いぬ
ぶしゅ　犬（いぬ）
かくすう　4

つきだして、おおきくはらう　くっつけてはらう　わすれずに

・ひつじゅんどおりに　かきましょう。

犬　犬

—の　かんじの　よみかたを　かきましょう。

のら犬。（　　）
番《ばん》犬。（　　）
犬の　えさ。（　　）

かいてみよう

時間 15分【はやい10分・おそい20分】
合格 13問
正答 ／16問
シール

45

① ろうかの□□《あしおと》。

② たのしい□《おん》楽《がく》。

③ かねの□《ね》が ひびく。

④ たいこの□《おと》。

46

① □《あま》ぐつを はく。

② □□《うてん》とりやめ。

③ □□《おおあめ》が ふる。

④ （□《あめあがり》）の にわ。

47

① □《もり》の 水車《すいしゃ》。

② □《もり》の 木が そだつ。

③ おみやの □《もり》。

④ □□《しんりん》を まもる。

48

① 大きな □《いぬ》。

② □《いぬ》と ねこ。

③ かしこい 番《ばん》□《けん》。

④ ポチの □《いぬ》小屋《ごや》。

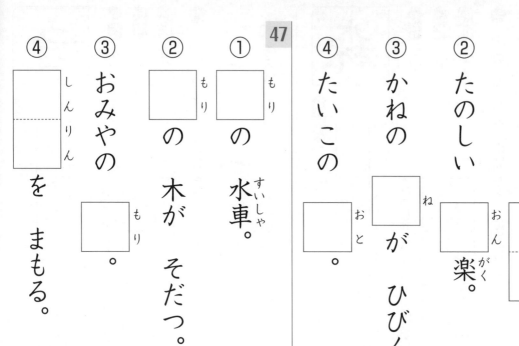

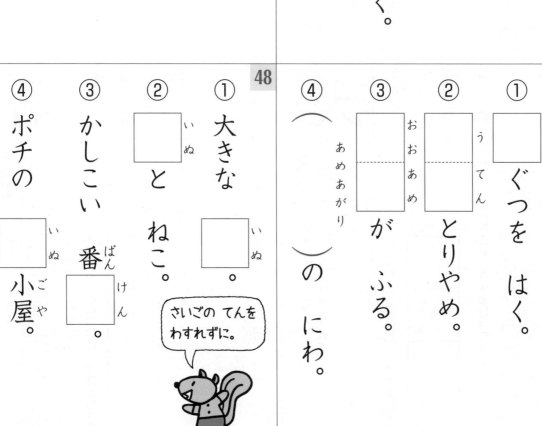

18日　夕・虫・千・左

夕　49

おん　（セキ）

くん　ゆう

ぶしゅ　夕（た・ゆうべ）

かくすう　3

1 ノ（みじかくはらう）　2 ク（まげて、ながくはらう）　3 夕（つきださない）

●ひつじゅんどおりに　かきましょう。

夕　夕

●──の　かんじの　よみかたを　かきましょう。

夕やけ。（　　）

夕方《がた》。（　　）

夕日。（　　）（　　）

虫　50

おん　チュウ

くん　むし

ぶしゅ　虫（むし）

かくすう　6

1 丨　2 口　3 口　4 中　5 虫　6 虫（すこしみぎうえに）

●ひつじゅんどおりに　かきましょう。

虫　虫

●──の　かんじの　よみかたを　かきましょう。

虫歯《ば》。（　　）

毛《け》虫。（　　）

こん虫。（　　）

千　51

おん　セン

くん　ち

ぶしゅ　十（じゅう）

かくすう　3

1 ノ（ひだりにはらう）　2 二（ながく）　3 千

●ひつじゅんどおりに　かきましょう。

千　千

●──の　かんじの　よみかたを　かきましょう。

二千円《えん》。（　　）

千よがみ。（　　）

左　52

おん　サ

くん　ひだり

ぶしゅ　工（え・たくみ）

かくすう　5

1 一　2 ナ（つきだして、はらう）　3 左　4 左　5 左（ながく）

ひつじゅんに　ちゅうい！

●ひつじゅんどおりに　かきましょう。

左　左

●──の　かんじの　よみかたを　かきましょう。

左の目。（　　）

左がわ。（　　）

左右。（　　）（　　）

かいてみよう

月　日

時間 15分 【はやい10分・おそい20分】
合格 13問
正答 　/16問
シール

49

① □□《ゆうひ》が あかい。

② □《ゆう》方《がた》に なる。

③ □《ゆう》ごはんの じかん。

④ □《ゆう》やけ こやけ。

50

① □《むし》かご。

② □《むし》を かう。

③ こん□《ちゅう》を とる。

④ てんとう□《むし》が とまる。

51

① □《せん》円《えん》さつを つかう。

② □□《にせん》まいの おさつ。

③ □《ち》よがみを おる。

④ □□□《さんぜんにん》が あつまる。

52

① □《ひだり》がわを とおる。

② □□《さゆう》の 手で つかむ。

③ □□《ひだりあし》で ける。

④ □《ひだり》に まがる。

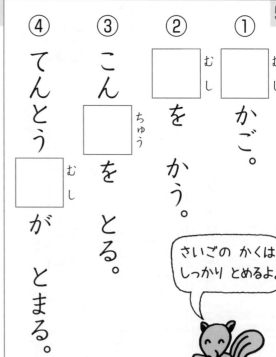

19日 ふくしゅうテスト(4) よみ

時間 15分【はやい10分・おそい20分】
合格 80点（一つ5点）
得点　　点
月　日
シール

1 ―の かんじの よみかたを かきましょう。

① 白い 小さな 虫。

② この 町の 町名《めい》。

③ 右の あとに 左を むく。

④ 千びきの 犬。

⑤ 山の 上の 夕日。

⑥ 男の 人と 女の 人。

⑦ 森林での 雨の 音。

⑧ 森の 上空を とぶ。

⑨ 雨天 とりやめ。

⑩ この 村の 村長《ちょう》さん。

ふくしゅうテスト(4)

かき

月	日

時間 15分【はやい10分・おそい20分】
合格 80点（一つ5点）
得点 点
シール

1 □には かんじを、（　）には かんじと おくりがなを かきましょう。

① □□《しんりん》の 中を あるく。

② （　）《しろい》 □《いぬ》。

③ □□《さゆう》を よく 見る。

④ □《ゆう》方《がた》に □《まち》へ いく。

⑤ □《むし》の □《ね》を きく。

⑥ きれいな □《おと》だ。

⑦ □□《せんねん》後《ご》の □《もり》。

⑧ □《あま》の川を （　）《みあげる》。

⑨ □□《だんじょ》に わかれる。

⑩ □《むら》の □《おん》楽会《がくかい》。

⑪ □《ちょう》長《ちょう》と □《そん》長。

⑫ □《てん》から ふる □《あめ》。

月　日

時間 15分 [はやい10分・おそい20分]
合格 80点 (一つ4点)
得点　点
シール

1 ――の かんじの よみかたを かきましょう。

① 力の つよい 女の 子。
② 天を 見上げる。
③ 村や 町の 男たち。
④ 青と 白で 空を かく。
⑤ 立って、左 右を 見る。

⑥ 森 林に しずむ 夕 日。
⑦ 大きな 犬が いる。
⑧ 小さな 虫の 足 音。
⑨ 小学校《がっこう》に 入学《がく》する。
⑩ 雨の 中に いる 人。

まとめテスト(2) かき

月　日

時間 15分 【はやい10分・おそい20分】
合格 80点 (一つ4点)
得点　点
シール

1 □には　かんじを、（　）には　かんじと　おくりがなを　かきましょう。

① （　）《おおきい》□《おんな》の□《こ》。

② （　）《ちいさい》□《むし》の□《ね》。

③ □《まち》や□《むら》。

④ □《いぬ》を中に（　）《いれる》。

⑤ □□《しんりん》に□《あめ》がふる。

⑥ □□《みぎあし》と□□《ひだりて》。

⑦ きれいな（　）《あおい》うみ。

⑧ □《おとこ》が（　）《たちあがる》。

⑨ □《ちから》が（　）《はいる》。

⑩ □□《ゆうだち》の□《そら》のいろ。

⑪ □□《せいねん》が□□《せんにん》いる。

⑫ □□《じょうくう》の（　）《しろい》くも。

21日　下・休・名・百

下 53

おん　カ・ゲ

くん　した・しも・さがる・さげる・くだる・くだす・くださる・おろす・おりる・（もと）

ぶしゅ　一（いち）

かくすう　3

1 一　ながくのばす
2 丅　くっつける
3 下　とめる

●ひつじゅんどおりに　かきましょう。

下　下

●——の　かんじの　よみかたを　かきましょう。

山の　下《（　）》。

下《（　）》りる。　下《（　）》げる。

休 54

おん　キュウ

くん　やすむ・やすまる・やすめる

ぶしゅ　亻（にんべん）

かくすう　6

1 ノ　はらう
2 亻
3 仁　とめる
4 什　とめる
5 休　はらう
6 休　はらう

●ひつじゅんどおりに　かきましょう。

休　休

●——の　かんじの　よみかたを　かきましょう。

休《（　）》み。

休《（　）》日《（　）》。　足を　休《（　）》める。

名 55

おん　メイ・ミョウ

くん　な

ぶしゅ　口（くち）

かくすう　6

1 ノ　みじかくはらう
2 ク　おって、ながくはらう
3 夕
4 夕
5 名　くっつける
6 名

●ひつじゅんどおりに　かきましょう。

名　名

●——の　かんじの　よみかたを　かきましょう。

名《（　）》まえ。

名《（　）》月《（　）》。　名《（　）》字《じ》。

百 56

おん　ヒャク

くん　—

ぶしゅ　白（しろ）

かくすう　6

1 一　ながく
2 丆　みじかくはらう
3 丆　くっつける
4 百
5 百
6 百

●ひつじゅんどおりに　かきましょう。

百　百

●——の　かんじの　よみかたを　かきましょう。

百《（　）》円玉《えんだま》。

五　百《（　）》まい。　百《（　）》回《かい》。

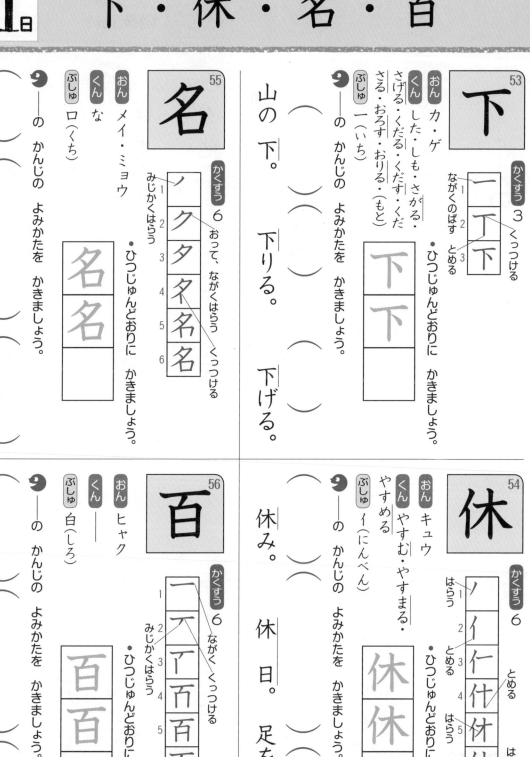

月　日

かいてみよう

時間 15分 【はやい10分・おそい20分】
合格 13問
正答 　/16問
シール

53

① 木の□《した》で ねむる。

② にもつを（　　）《おろす》。

③ あたまを（　　）《さげる》。

④ 地《ち》□《か》てつに のる。

54

① きょうは（　　）《やすみ》だ。

② なつ（　　）《やすみ》の さくぶん。

③ 手足を（　　）《やすめる》。

④ □《きゅう》けいじかん。

55

① □《な》まえを かく。

② 本□《みょう》を きく。

③ あきの □□《めいげつ》。

④ ふえの □□《めいじん》。

56

① □《ひゃっ》かてんに いく。

② □《ひゃく》てんを とる。

③ 一、十、□《ひゃく》、千。

④ □《ひゃっ》ぴきの 犬。

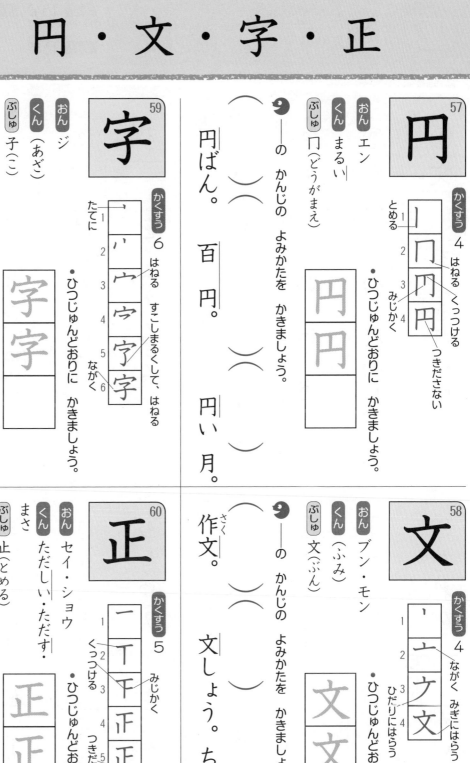

22日　円・文・字・正

57 円

おん　エン

くん　まるい

ぶしゅ　冂（どうがまえ）

かくすう　4

1 とめる　2 はねる　3 くっつける　みじかく　4 つきださない

・ひつじゅんどおりに　かきましょう。

円　円

——の　かんじの　よみかたを　かきましょう。

円ばん。（　　）

百円。（　　）

円い　月。（　　）

58 文

おん　ブン・モン

くん　（ふみ）

ぶしゅ　文（ぶん）

かくすう　4

2 ながく　3 ひだりにはらう　4 みぎにはらう

・ひつじゅんどおりに　かきましょう。

文　文

——の　かんじの　よみかたを　かきましょう。

作《さく》文。（　　）

文しょう。（　　）

ちゅう文。（　　）

59 字

おん　ジ

くん　（あざ）

ぶしゅ　子（こ）

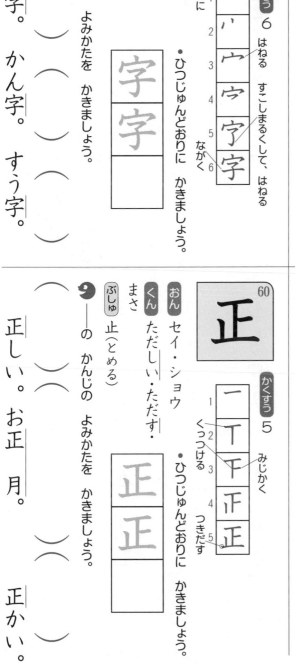

かくすう　6

1 たてに　3 はねる　5 すこしまるくして、はねる　6 ながく

・ひつじゅんどおりに　かきましょう。

字　字

——の　かんじの　よみかたを　かきましょう。

きれいな　字。（　　）

かん字。（　　）

すう字。（　　）

60 正

おん　セイ・ショウ

くん　ただしい・ただす・まさ

ぶしゅ　止（とめる）

かくすう　5

2 くっつける　3 みじかく　5 つきだす

・ひつじゅんどおりに　かきましょう。

正　正

——の　かんじの　よみかたを　かきましょう。

正しい。（　　）

お正月。（　　）

正かい。（　　）

月　日

かいてみよう

時間 15分【はやい10分・おそい20分】
合格 13問
正答 ／16問
シール

57

① （　　）《まるい》月。

② □□《せんえん》さつ。

③ □《えん》けいの いけ。

④ □《えん》を つくろう。

58

① 作《さく》□《ぶん》を かく。

② □《ぶん》しょうを よむ。

③ 学《がっ》きゅう□《ぶん》こ。

④ ちゅう□《もん》を きく。

59

① きれいな □《じ》を かく。

② すう□《じ》の けいさん。

③ かん□《じ》の れんしゅう。

④ 文《も》□《じ》を きれいに かく。

60

① （　　）《ただしい》よみかた。

② しせいを （　　）《ただす》。

③ たのしい お□□《しょうがつ》。

④ これが □《せい》かいです。

23日 王・玉・生・学

61 王

おん　オウ

くん　―

ぶしゅ　王（おう）

かくすう　4

1 一　2 丅（くっつける）　3 干（おなじはばに）　4 王（ながく）

ひつじゅんに ちゅうい！

・ひつじゅんどおりに　かきましょう。

王　王

●―の　かんじの　よみかたを　かきましょう。

王さま。（　）

王子さま。（　）

王女さま。（　）

62 玉

おん　ギョク

くん　たま

ぶしゅ　玉（たま）

かくすう　5

1 一　2 丅（くっつける）　3 干　4 王（ながく）　5 玉（いちにちゅうい）

ひつじゅんに ちゅうい！

・ひつじゅんどおりに　かきましょう。

玉　玉

●―の　かんじの　よみかたを　かきましょう。

水玉。（　）

白い玉。（　）

玉入れ。（　）

63 生

おん　セイ・ショウ

くん　いきる・いかす・いける・うまれる・うむ・はえる・はやす・なま・（おう）・（き）

ぶしゅ　生（うまれる）

かくすう　5

1 丿（はらう）　2 𠂉（くっつける）　3 牛　4 牛（みじかく）　5 生（ながく）

・ひつじゅんどおりに　かきましょう。

生　生

●―の　かんじの　よみかたを　かきましょう。

先《せん》生。（　）

生きる。（　）

生まれる。（　）

64 学

おん　ガク

くん　まなぶ

ぶしゅ　子（こ）

かくすう　8

1 （みぎしたに）　2 　3 （ひだりしたに）　4 　5 （はねる）　6 　7 学（はねる）　8 学（ながくのばす）

・ひつじゅんどおりに　かきましょう。

学　学

●―の　かんじの　よみかたを　かきましょう。

大学生。（　）（　）

学校《こう》。（　）

学年。（　）

かいてみよう

時間 15分【はやい10分・おそい20分】
合格 13問
正答 /16問
シール

61

① □《おう》さまの　ごてん。

② □□《じょおう》の　ばしゃ。

③ □□《おうじ》さま。

④ 国《こく》□《おう》の　めいれい。

62

① 大きな　ガラス□《だま》。

② □《たま》を　みがく。

③ □□《たまむし》を　見つける。

④ □□《たまい》れを　する。

63

① 先《せん》□《せい》の　手。

② 百さいまで　（　　）《いきる》。

③ 子犬が　（　　）《うまれる》。

④ たん□□《じょうび》。

64

① あには　□□□《だいがくせい》だ。

② □□《がくねん》が　上がる。

③ □《がっ》校《こう》の　もん。

④ さんすうを　（　　）《まなぶ》。

月　日

時間 15分【はやい10分・おそい20分】
合格 80点（一つ5点）
得点　点
シール

1 ―の　かんじの　よみかたを　かきましょう。

① 作文《さく》を　百　字で　かく。

② 学　生が　十　名　いる。

③ 百　円　玉は　円い。

④ 正しきな　名まえ。

⑤ 王　子さまが　生まれる。

⑥ 休　日の　たん生会《かい》。

⑦ はが　下から　生える。

⑧ 正しい　字を　かく。

⑨ にもつを　下ろして　休む。

⑩ 生きる　ことを　学ぶ。

ふくしゅうテスト(5) かき

月　日

時間 15分【はやい10分・おそい20分】　得点　点　シール

合格 80点（一つ5点）

1 □には　かんじを、（　）には　かんじと　おくりがなを　かきましょう。

① （　）《ただしい》　かん□《じ》。

② □□《きゅうじつ》の　地《ち》□《か》てつ。

③ □□□《じゅうえんだま》は　（　）《まるい》。

④ あたまを　（　）《さげる》。

⑤ □□《ぶんがく》を　（　）《まなぶ》。

⑥ □□《めいげつ》を　見上げる。

⑦ □□《かわしも》で　（　）《やすむ》。

⑧ □□《おうじょ》さまの　かんむり。

⑨ □《ひゃっ》ぴき　（　）《うまれる》。

⑩ 手を　□《した》に　（　）《おろす》。

⑪ □《もん》くを　いう。

⑫ □《がっ》校《こう》の　□《な》まえ。

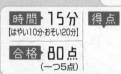

25日　花・草・竹・土

65 花

おん　カ
くん　はな
ぶしゅ　艹（くさかんむり）

かくすう　7
1 一　2 十　3 艹　4 艹（はらう）　5 艹（とめる）　6 芲　7 花（うえにはねる）

●ひつじゅんどおりに　かきましょう。
花　花

●――の　かんじの　よみかたを　かきましょう。
花びら。（　　）
花火《び》。（　　）（　　）
花だん。（　　）

66 草

おん　ソウ
くん　くさ
ぶしゅ　艹（くさかんむり）

かくすう　9
1 一　2 十　3 艹　4 艹　5 苎　6・7 苩　8 荁（ながく）　9 草

●ひつじゅんどおりに　かきましょう。
草　草

●――の　かんじの　よみかたを　かきましょう。
草原《げん》。（　　）
草　花。（　　）（　　）
草や　木。（　　）

67 竹

おん　チク
くん　たけ
ぶしゅ　竹（たけ）

かくすう　6
1 ノ（はらう）　2 𠂉　3 ケ（とめる）　4 竹（はらう）　5 竹　6 竹（はねる）

●ひつじゅんどおりに　かきましょう。
竹　竹

●――の　かんじの　よみかたを　かきましょう。
竹やぶ。（　　）
竹うま。（　　）
竹　林。（　　）（　　）

68 土

おん　ド・ト
くん　つち
ぶしゅ　土（つち）

かくすう　3
1 一（みじかめに）　2 十　3 土（うえよりながく）

●ひつじゅんどおりに　かきましょう。
土　土

●――の　かんじの　よみかたを　かきましょう。
土を　ほる。（　　）
土よう日。（　　）
土地《ち》。（　　）

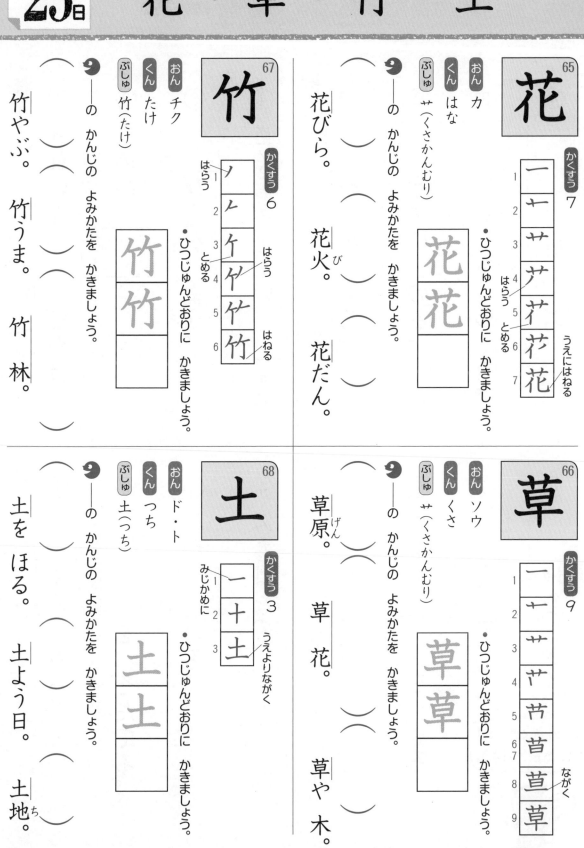

月　日

かいてみよう

時間 15分 【はやい10分・おそい20分】
合格 13問
正答 　/16問
シール

65

① きれいな □《はな》ばたけ。

② うめの □《はな》。

③ □《はな》びらが まう。

④ さくらが かい□《か》する。

66

① □《そう》原《げん》の みち。

② □□《くさき》を そだてる。

③ わか□《くさ》いろ。

④ みちばたの ざっ□《そう》。

67

① □《たけ》やぶが ある。

② □《たけ》うまに のる。

③ □《たけ》とんぼを つくる。

④ □□《ちくりん》に 入る。

68

① □《つち》を ほる。

② たかく □《つち》を もる。

③ □《ど》よう日。

④ □《と》地《ち》を かう。

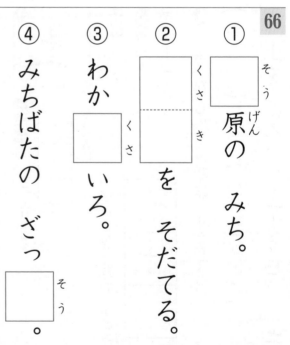

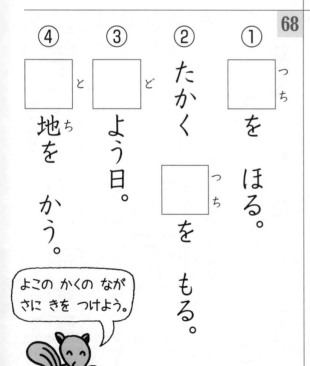

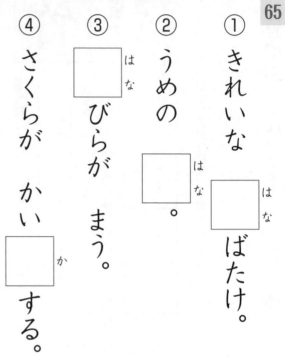

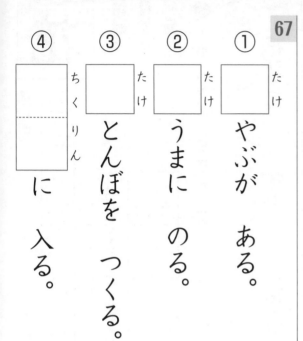

校・火・糸・気

69 校

おん　コウ
くん　―
ぶしゅ　木（きへん）

かくすう　10

1 一　2 十　3 才　4 木　5・6 木　7・8 杧　9 桗　10 校
とめる　はらう

・ひつじゅんどおりに　かきましょう。

校　校

―の　かんじの　よみかたを　かきましょう。

学校。（　　）
校もん。（　　）
校てい。（　　）

70 火

おん　カ
くん　ひ・（ほ）
ぶしゅ　火（ひ）

かくすう　4

1 丶　2 丷　3 火　4 火
おおきくはらう　くっつける

ひつじゅんに ちゅうい！

・ひつじゅんどおりに　かきましょう。

火　火

―の　かんじの　よみかたを　かきましょう。

火よう日。（　　）
火が　きえる。（　　）
火事《じ》。（　　）

71 糸

おん　シ
くん　いと
ぶしゅ　糸（いと）

かくすう　6

1 く　2 幺　3 幺　4 糸　5 糸　6 糸
ななめにおる　つきださない　はらう　とめる

かくすうに ちゅうい！

・ひつじゅんどおりに　かきましょう。

糸　糸

―の　かんじの　よみかたを　かきましょう。

毛《け》糸。（　　）
糸を　とおす。（　　）
きぬ糸。（　　）

72 気

おん　キ・ケ
くん　―
ぶしゅ　气（きがまえ）

かくすう　6

1 丿　2 𠂉　3 𠂉　4 气　5 気　6 気
はらう　そらして、うえにはねる　はらう　とめる

・ひつじゅんどおりに　かきましょう。

気　気

―の　かんじの　よみかたを　かきましょう。

空　気。（　　）
気もち。（　　）
火の気。（　　）

かいてみよう

時間 15分 【はやい10分・おそい20分】
合格 13問
正答 /16問
シール

69

① □□《がっこう》に　いく。

② □《こう》もんから　出《で》る。

③ □《こう》ていを　はしる。

④ □《こう》しゃの　中。

70

① □《か》よう日に　出《で》かける。

② □《ひ》の　ようじん。

③ □《ひ》が　きえる。

④ □《か》事《じ》に　なる。

71

① きぬ□《いと》で　ぬう。

② □《いと》車《ぐるま》を　まわす。

③ 毛《け》□《いと》の　セーター。

④ はりと　□《いと》。

72

① □《き》を　つける。

② げん□《き》な　おとうと。

③ □□《くうき》を　すう。

④ □□《みずけ》が　おおい。

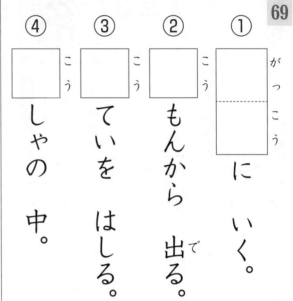

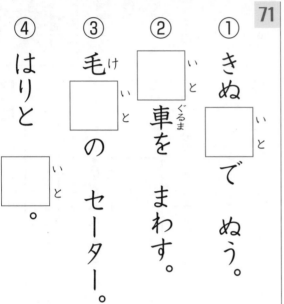

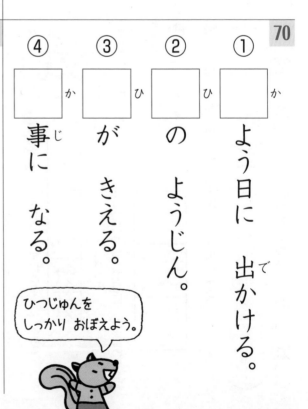

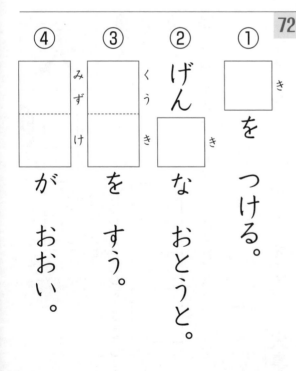

月　日

車・出・先・石

73 車

おん　シャ

くん　くるま

ぶしゅ　車（くるま）

かくすう　7

・ひつじゅんどおりに　かきましょう。

1 一　2　3　4　5　6（ながく）　7 車

車　車

●——の　かんじの　よみかたを　かきましょう。

車に　のる。（　）

じどう車。（　）

でん車。（　）

74 出

おん　シュツ・（スイ）

くん　でる・だす

ぶしゅ　凵（うけばこ）

かくすう　5

・ひつじゅんどおりに　かきましょう。

1 丨　2　3　4（つきださない）　5 出

ひつじゅんに ちゅうい！

出　出

●——の　かんじの　よみかたを　かきましょう。

出る。（　）

出す。（　）

出ぱつ。（　）

75 先

おん　セン

くん　さき

ぶしゅ　儿（ひとあし・にんにょう）

かくすう　6

・ひつじゅんどおりに　かきましょう。

1（はらう）　2（くっつける）　3　4（ながくのばす）　5（はらう）　6 先（まげて、うえにはねる）

先　先

●——の　かんじの　よみかたを　かきましょう。

先生。（　）（　）

先に　いく。（　）

先どり。（　）

76 石

おん　セキ・シャク・（コク）

くん　いし

ぶしゅ　石（いし）

かくすう　5

・ひつじゅんどおりに　かきましょう。

1 一　2（くっつける）　3　4　5 石

石　石

●——の　かんじの　よみかたを　かきましょう。

じ石。（　）

石ころ。（　）

石油《ゆ》。（　）

かいてみよう

時間 15分【はやい10分・おそい20分】
合格 13問
正答 /16問
シール

73

① □《くるま》に のって いこう。

② じてん□《しゃ》に のる。

③ でん□《しゃ》が はしる。

④ □《いと》□《ぐるま》を まわす。

74

① かおを □《だ》す。

② あなから □《で》られない。

③ あすから □《しゅっ》ぱつする。

④ そとに □《で》る。

75

① □《せん》□《せい》 こんにちは。

② □《さき》に かえる。

③ □《せん》頭《とう》を はしる。

④ はりの □《さき》で つく。

76

① □《いし》で できた いえ。

② かるい □《いし》。

③ □《せき》油《ゆ》を ほる。

④ じ□《しゃく》で あそぶ。

28日　貝・耳・早・赤

77 貝

おん ―

くん かい

ぶしゅ 貝（かい・こがい）

かくすう 7

• ひつじゅんどおりに　かきましょう。

1 丨　2 冂　3 冃　4 月　5 目　6 貝　7 貝

（3・4 くっつける／6 みじかくはらう／7 とめる）

貝　貝

― の　かんじの　よみかたを　かきましょう。

貝がら。（　）

まき貝。（　）

貝ばしら。（　）

78 耳

おん （ジ）

くん みみ

ぶしゅ 耳（みみ）

かくすう 6

• ひつじゅんどおりに　かきましょう。

1 一　2 丅　3 F　4 F　5 E　6 耳

（2 つきださない／5 さゆうに、つきだす／6 したにのばして、とめる）

ひつじゅんに ちゅうい！

耳　耳

― の　かんじの　よみかたを　かきましょう。

耳を すます。（　）

耳そうじ。（　）

79 早

おん ソウ・（サッ）

くん はやい・はやまる・はやめる

ぶしゅ 日（ひ）

かくすう 6

• ひつじゅんどおりに　かきましょう。

1 丨　2 冂　3 日　4 日　5 旦　6 早

（5 ながく）

早　早

― の　かんじの　よみかたを　かきましょう。

早い。（　）

早口。（　）

早朝《ちょう》。（　）

80 赤

おん セキ・（シャク）

くん あか・あかい・あからむ・あからめる

ぶしゅ 赤（あか）

かくすう 7

• ひつじゅんどおりに　かきましょう。

1 一　2 十　3 土　4 土　5 赤　6 赤　7 赤

（3 ながく／4 はらう／5 はねる／7 とめる）

赤　赤

― の　かんじの　よみかたを　かきましょう。

赤い 花。（　）

赤ちゃん。（　）

お赤はん。（　）

かいてみよう

時間 15分【はやい10分・おそい20分】
合格 13問
正答 ／16問
シール

77

① 白い□《かい》がら。

② □《かい》ばしらを　たべる。

③ ほら□《がい》を　ふく。

④ まき□《がい》を　ひろう。

78

① □《みみ》と　はな。

② ながい　□《みみ》が　ある。

③ □《みみ》を　ふさぐ。

④ □《みみ》を　すます。

79

① （　　）《はやく》　いこう。

② あさ（　　）《はやい》　バス。

③ □《そう》朝《ちょう》から　出かける。

④ 出ぱつを　（　　）《はやめる》。

80

① □《あか》ちゃんが　なく。

② （　　）《あかい》　ふうせん。

③ かおを　（　　）《あからめる》。

④ お□《せき》はんを　たべる。

29日 ふくしゅうテスト(6)

よみ

時間 15分【はやい10分・おそい20分】
合格 80点（一つ5点）
得点　　点
月　日
シール

1 ――の かんじの よみかたを かきましょう。

① 車で かぞくと 出かける。

② 火と 空気。

③ 赤い 糸で むすぶ。

④ 学校に ある 石だん。

⑤ 先生と でん車に のる。

「車」の 2つの よみかたを ①と ⑤で しっかり おぼえよう。

⑥ 耳に 貝がらを あてる。

⑦ 花だんの 土を ほる。

⑧ 草花が 早く さく。

⑨ 竹林が 火事《じ》に なる。

⑩ 火よう日に 出ぱつする。

ふくしゅうテスト(6) かき

月　日

時間 15分【はやい10分・おそい20分】	得点	
合格 80点（一つ5点）	点	シール

1 □には　かんじを、（　）には　かんじと　おくりがなを　かきましょう。

① □《か》ように（でかける）。

② □《くるま》で　□□《がっこう》へ　いく。

③ じてん□《しゃ》で　□《さき》回《まわ》り。

④ うらの　□□《ちくりん》に　いく。

⑤ げん□《き》に　すごす。

⑥ □《かい》の　□《みみ》かざり。

⑦ （あかい）毛《け》□《いと》を　かう。

⑧ □□《せんじつ》の　□□《はなみ》。

⑨ □《せき》たんを　はこぶ。

⑩ （はやく）□《ひ》を　けす。

⑪ □□《くさばな》の　たねを　まく。

⑫ □《つち》に　□《いし》を　まぜる。

まとめテスト(3)

よみ

時間 15分【はやい10分・おそい20分】 得点 点
合格 80点(一つ5点)
月 日
シール

1 ―の かんじの よみかたを かきましょう。

① 早く 学校に いく。
( )( )( )

② 休日に 山へ 出かける。
( )( )( )

③ 百円玉を ひろう。
( )( )

④ 糸車を まわす。
( )

⑤ 名字を 正しく かく。
( )( )

⑥ 花火が 赤く ひかる。
( )( )

⑦ 草木が 生える。
( )( )

⑧ 人の 気はいが する。
( )( )

⑨ 貝がらを 耳に あてる。
( )( )

⑩ 王女さまの いす。
( )

⑪ 先生が ろう下に いる。
( )( )

⑫ 竹うまで さかを 下りる。
( )( )

まとめテスト(3) かき

月　日

時間 15分 【はやい10分・おそい20分】
合格 80点 （一つ5点）
得点 点
シール

1 □には かんじを、（　）には かんじと おくりがなを かきましょう。

① （　　）《いけばな》の □□《せんせい》。

② □□《がっこう》の ゆう□□《めいじん》。

③ □《ど》よう日の □《そう》朝《ちょう》。

④ （　　）《ただしい》 □□《もじ》。

⑤ □□□《ひゃくえんだま》は （　　）《まるい》。

⑥ □□《かざん》を しらべる。

⑦ □《いし》が さかを （　　）《くだる》。

⑧ □《みみ》を すませる。

⑨ □□《はやくち》で はなす。

⑩ □《くるま》の 中で （　　）《やすむ》。

⑪ げん□《き》に あそぶ。

⑫ □□《ちくりん》から （　　）《でる》。

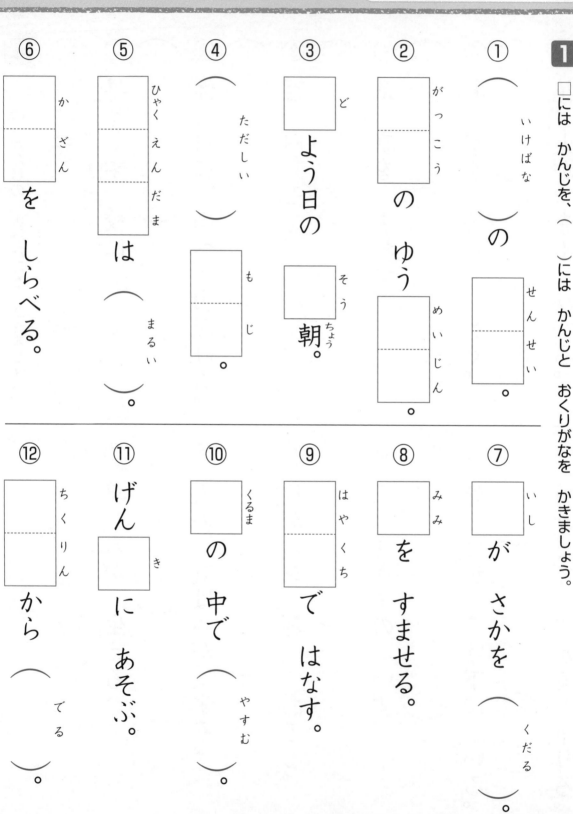

しんきゅうテスト(1)　よみ

時間 15分【はやい10分・おそい20分】　得点　点　シール

合格 80点（一つ5点）

1 ——の　かんじの　よみかたを　かきましょう。

① ㋐ お月さま　（　）
　 ㋑ 五月三日　（　）

② ㋐ 林の　木　（　）
　 ㋑ 森林　（　）

③ ㋐ 円い　月　（　）
　 ㋑ 円ばん　（　）

④ ㋐ 川の　水　（　）
　 ㋑ 水よう日　（　）

⑤ ㋐ てんとう虫　（　）
　 ㋑ こん虫　（　）

2 つぎの　かんじの　ふたとおりの　よみかたを　かきましょう。

① 下　（　）がる　（　）りる

② 生　（　）まれる　（　）きる

③ 入　（　）る　（　）れる

3 ——の　かんじの　よみかたを　かきましょう。

① 左　右の　耳。　（　）（　）

② きれいな　青い　空。　（　）（　）

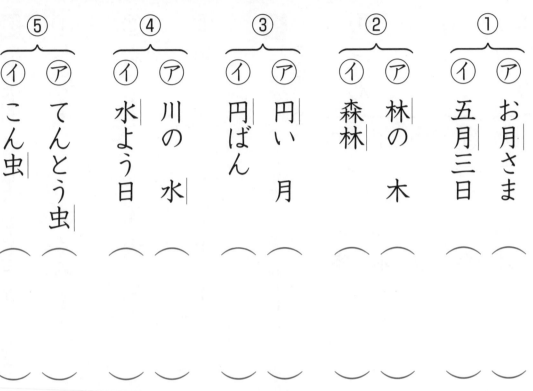

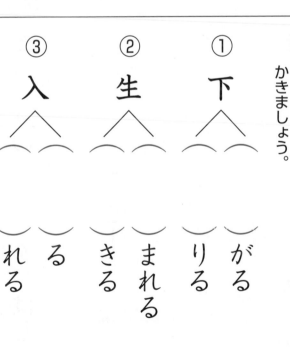

月　日

しんきゅうテスト(1) かき

時間 15分【はやい10分・おそい20分】
合格 80点（一つ5点）
得点　点
シール

1 はんたいの ことばを かんじで かきましょう。

① おや ↔ □
② くろ ↔ □
③ 右 ↔ □
④ 大 ↔ □
⑤ 男 ↔ □
⑥ 上 ↔ □

2 つぎの よみかたを する かんじに ○を つけましょう。

① ほん　㋐（　）本　㋑（　）木
② め　㋐（　）日　㋑（　）目
③ いぬ　㋐（　）犬　㋑（　）大

3 □には かんじを、（　）には かんじと おくりがなを かきましょう。

① ぼくは □《いちねんせい》だ。
② □《むら》の □《ひと》に あう。
③ □《あめ》の □《なか》を はしる。
④ （　）《あかい》ビー□《だま》。
⑤ □《あしおと》を （　）《たてる》。
⑥ （　）《ただしい》□《じ》を かく。

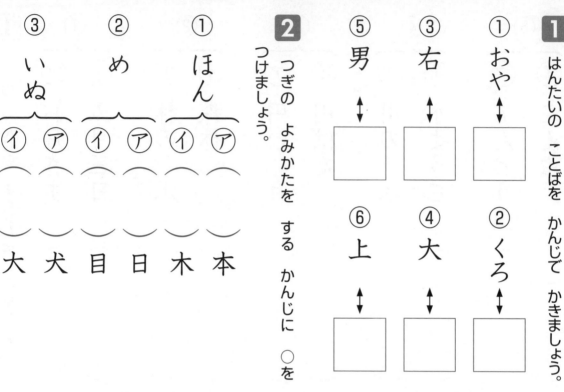

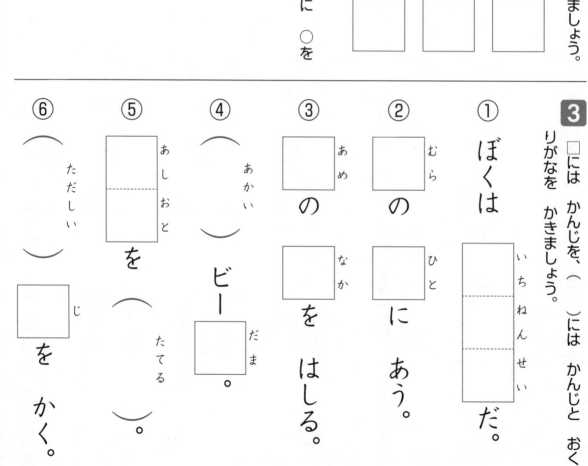

しんきゅうテスト(2)　よみ

時間 15分【はやい10分・おそい20分】　得点　点　シール
合格 80点（一つ5点）

1 ―の かんじの よみかたを かきましょう。

① (ア) 空っぽの はこ（　）
(イ) 空きかん（　）
(ウ) きれいな 空気（　）

② (ア) 学校の 正もん（　）
(イ) 正じきに はなす（　）
(ウ) 正しい こたえ（　）

③ (ア) ぼくは 力もち（　）
(イ) たい力が つく（　）

④ (ア) 文しょうを かく（　）
(イ) ちゅう文する（　）

2 ―の かんじの よみかたを かきましょう。

① かん字を かく。（　）（　）

② 車で、となり町へ いく。（　）（　）

③ ふねで 川を 下る。（　）（　）

④ 千 年まえの つぼ。（　）（　）

⑤ 青と 白の シャツ。（　）（　）

⑥ 百さいまで 生きる。（　）（　）

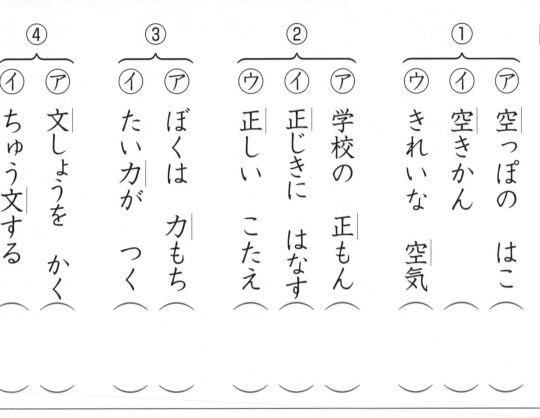

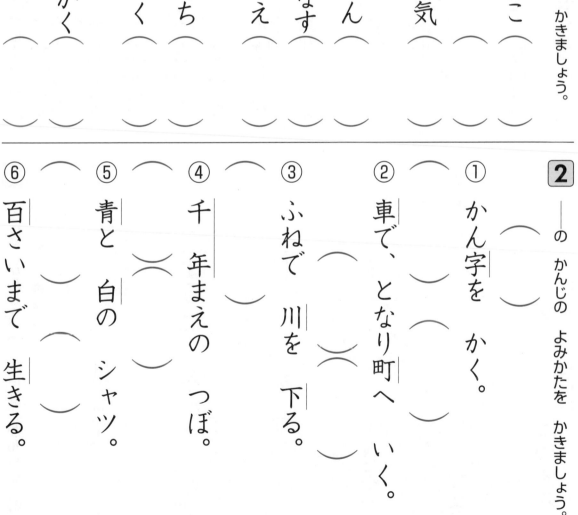

月　日

しんきゅうテスト(2) かき

時間 15分 【はやい10分・おそい20分】
合格 80点 (一つ5点)
得点　　点
シール

1 ただしく かいた ほうに ○を つけましょう。

① げんき
㋐（　）げん気
㋑（　）げん木

② せいかつ
㋐（　）正かつ
㋑（　）生かつ

③ はっけん
㋐（　）はっ見
㋑（　）はっ犬

2 □の かんじを、あとの〔　〕から えらんで かきましょう。

① □《つち》の □《うえ》に すわる。

② □《たま》のりを する □《おう》さま。

③ □《みぎ》手で □《いし》を なげる。

〔石・土・王・玉・右・左・上・下〕

3 □には かんじを、（　）には かんじと おくりがなを かきましょう。

① □□《はやくち》で はなす。

② □《にち》ようは えん□《そく》だ。

③ □《そら》に □《つき》が （　　）《でる》。

④ □《たけ》を □□《はっぽん》 きる。

⑤ あたらしい □《とし》に なる。

⑥ □□《ふたり》で □《しゅっ》ぱつする。

しんきゅうテスト（3）

よみ

月　日

時間 15分【はやい10分・おそい20分】　合格 80点（一つ5点）　得点　点　シール

1 ただしい　よみかたの　ほうに　○を　つけましょう。

① 金あみ　㋐（　）きんあみ　㋑（　）かなあみ

② 音いろ　㋐（　）おといろ　㋑（　）ねいろ

③ 天の川　㋐（　）あまのがわ　㋑（　）てんのかわ

2 ——の　かんじの　よみかたを　かきましょう。

① ねん土（　　）。ひろい　土（　　）地《ち》。

② 人口（　　）。つよい　口（　　）ちょう。

③ 大雨（　　）（　　）。雨（　　）やどり。

3 ——の　かんじの　よみかたを　かきましょう。

① 白い（　　）湯《ゆ》気（　　）が　こもる。

② 女（　　）の　子（　　）（　　）が　貝（　　）を　ひろう。

③ いそいで　せきを　立（　　）つ。

④ 石（　　）けんで　手（　　）を　あらう。

⑤ 学（　　）校を　一日（　　）休（　　）む。

⑥ 十月（　　）六日（　　）が　たん生日だ。

しんきゅうテスト（3） かき

時間 15分 【はやい10分・おそい20分】　得点　点　シール
合格 80点 （一つ5点）

1 ただしく かいた ほうに ○を つけましょう。

① はくちょう
㋐（　）白ちょう
㋑（　）百ちょう

② にゅう学
㋐（　）人学
㋑（　）入学

③ きゅうけい
㋐（　）休けい
㋑（　）木けい

2 つぎのように よむ かんじを かきましょう。

① ゆう
㋐ □がたに なる。
㋑ 左□を 見る。

② こ
㋐ □石を ひろう。
㋑ おや□で さんか。

3 □に かんじを かきましょう。

① つくえの □《うえ》の □《か》びん。

② □《むら》の □□《しんりん》。

③ □□《たいぼく》の □《した》に すわる。

④ □《あか》と □《あお》の □《いと》。

⑤ □《くさ》むらで □《むし》が なく。

⑥ □□《てんき》が よい □《ひ》。

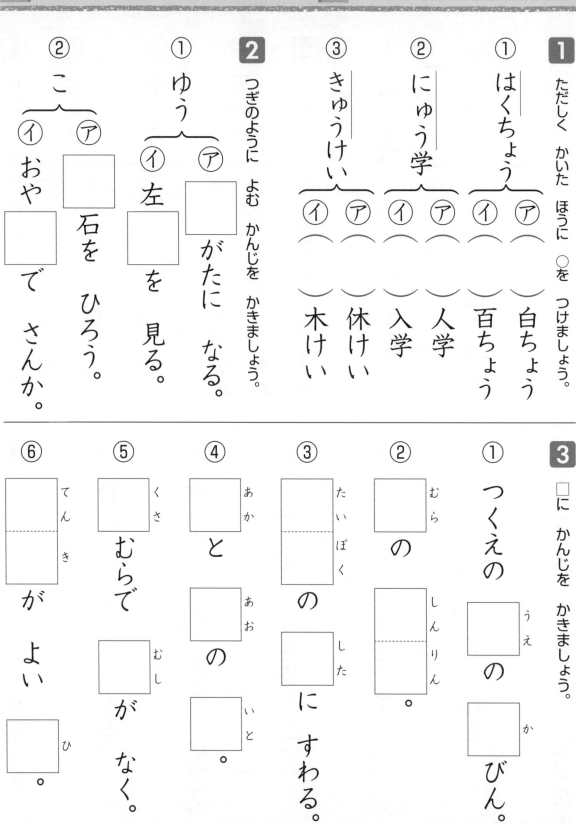

しんきゅうテスト(4)　よみ

時間 15分【はやい10分・おそい20分】
合格 80点（一つ5点）
得点　点
シール

1 ——の　かんじの　よみかたを　かきましょう。

① ㋐ 大きい　足（　）
㋑ 大すきな　パン（　）
㋒ 大せつな　ノート（　）

② ㋐ かわいい　小とり（　）
㋑ 小川が　ながれる（　）
㋒ 小学生（　）

③ ㋐ 出口を　さがす（　）
㋑ 中から　出す（　）

④ ㋐ 一日中　雨だ（　）
㋑ 三月一日（　）

2 ただしい　よみかたを　○で　かこみましょう。

① 七日（ななか・なのか）
② 木かげ（きかげ・こかげ）
③ 八日（ようか・よっか）

3 ——の　かんじの　よみかたを　かきましょう。

① 本を　十さつ　よむ。（　）（　）
② 犬を　つれた　青年。（　）（　）
③ 火事《じ》に　気を　つける。（　）（　）
④ 百円玉を　あつめる。（　）

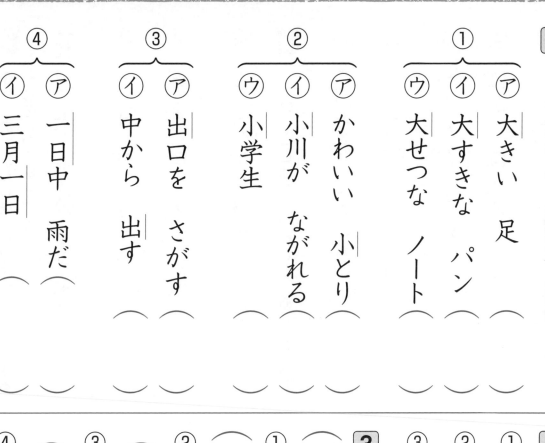

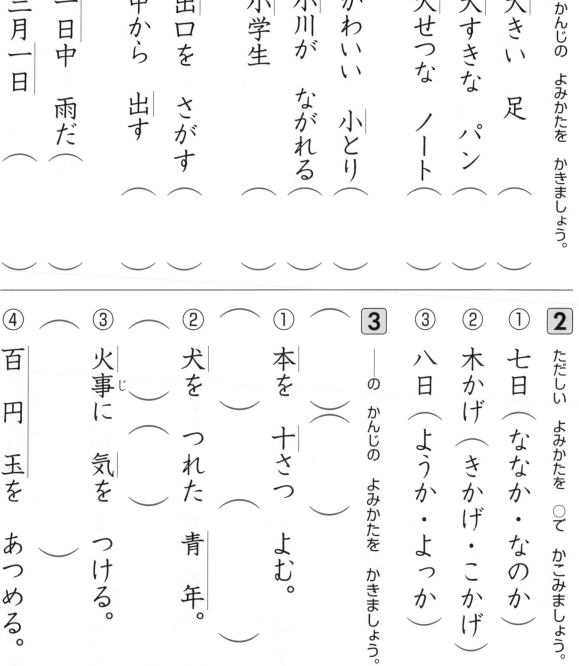

しんきゅうテスト(4) かき

月　日

時間 15分 【はやい10分・おそい20分】
合格 80点 (一つ5点)
得点　　点
シール

1 ふたつの かんじを くみあわせて できる かんじを かきましょう。

(れい) 木＋林→森

① 一＋白→□

② 夕＋口→□

③ 日＋十→□

2 ——の ことばを、かんじと おくりがなで かきましょう。

① ちいさな 子ども。(　　)

② ビー玉が ここのつ。(　　)

③ ねだんを さげる。(　　)

④ はが はえる。(　　)

⑤ ベンチで やすむ。(　　)

3 □には かんじを、(　)には かんじと おくりがなを かきましょう。

① □《ろく》だいの じてん□《しゃ》。

② □《みみ》に □《みず》が 入る。

③ □《ちから》づよく あく□《しゅ》する。

④ □《はち》ひきの こん□《ちゅう》。

⑤ ちょう□《じょう》に (　　)《たつ》。

⑥ □□《せんせい》の □《もく》ひょう。

しんきゅうテスト（5） よみ

月　日

時間 15分【はやい10分・おそい20分】
合格 80点（一つ5点）
得点　点
シール

1 ただしい　よみかたの　ほうに　○を　つけましょう。

① きょう中 ㋐（　）じゅう ㋑（　）ちゅう

② 上りざか ㋐（　）あがり ㋑（　）のぼり

③ 足る ㋐（　）たりる ㋑（　）たる

2 ――の　かんじの　よみかたを　かきましょう。

① 名（　）まえ。本の　だい名（　）。

② 先（　）とう。はりの　先（　）。

③ 左右（　）。右足（　）。

3 ――の　かんじの　よみかたを　かきましょう。

① 犬（　）の　耳（　）が　うごく。

② 五（　）つ　かぞえる。

③ 白（　）い　ふくの　男（　）の　人。

④ 村人（　）が　はたらく　田（　）んぼ。

⑤ 山（　）に　夕日（　）が　しずむ。

⑥ 森（　）で　草（　）花（　）を　つむ。

しんきゅうテスト(5)　かき

時間 15分【はやい10分・おそい20分】　得点　点　シール

合格 80点（一つ5点）

1 なかまの　ことばを、じゅんに　かんじで　かきましょう。

① 日－月－□－□－木－□－土

② 一－二－三－□－□－□－六－七－八

2 つぎの　ぶぶんを　もつ　かんじを　かきましょう。

① 目…はっ□《けん》・□《かい》がら

② 木…□《こう》てい・□《きゅう》けい

③ 田…□《ちょう》長《ちょう》・□《だん》子

3 □には　かんじを、（　）には　かんじと　おくりがなを　かきましょう。

① □《おん》楽《がく》を（　　）《まなぶ》。

② かぞくに　ついての　さく□《ぶん》。

③ □□《せんえん》さつで　はらう。

④ □《かわ》に（　　）《はいる》。

⑤ うつくしい　□□《おうじょ》さま。

⑥ □□《じっぽん》の　□《あま》がさ。

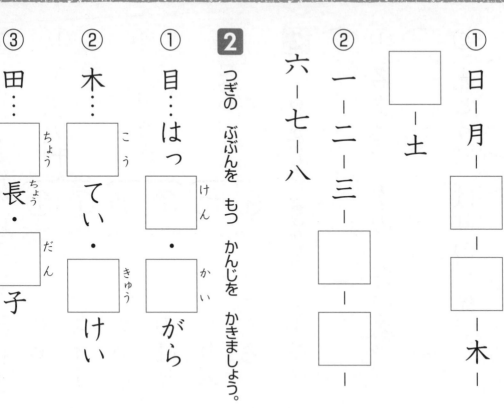

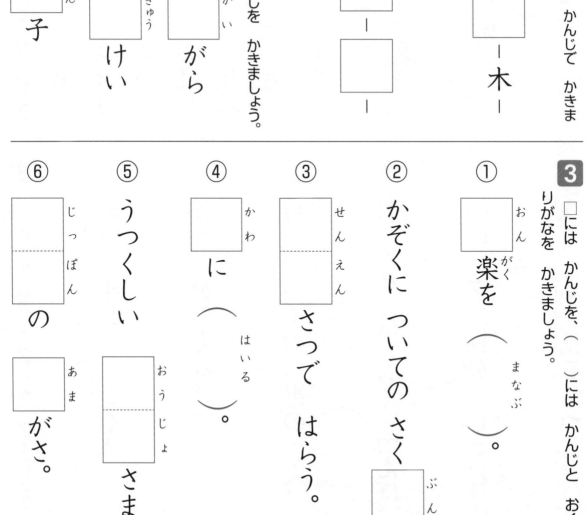

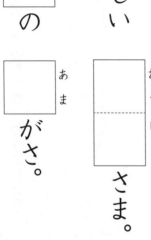

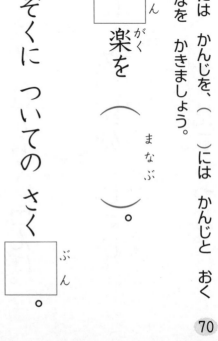

こたえ

漢字 12級

1ページ

1 (しょうりゃく)

2 ①みぎに ○ ②ひだりに ○
③みぎに ○ ④みぎに ○
⑤みぎに ○ ⑥ひだりに ○

チェックポイント 文字の形だけでなく、しっかり読んで区別するようにします。

2ページ

1 ①う・お ②か・け ③ち・て
④ひ・ふ・ほ ⑤さ・せ
⑥に・ぬ・の ⑦ら・る・れ
⑧ま・め・も ⑨や・よ

2 ①(そ)うじき ②き(つ)ね ③ねず(み)
④みかん

3 ①みぎに ○
②ひだりに ○

チェックポイント 3筆順は、意識して覚えないと、まちがえやすいものが多いです。最初に正しく書いて、しっかり身につけるようにします。

3ページ

1 き・もく・こ
2 くち・こう
3 にち・び・ひ・か
4 め・め・もく

チェックポイント 「木かげ」は、つい「きかげ」と読んでしまいがちです。「木立《こだ》ち」と合わせて、正しい読み方を身につけます。「日《ひ》」は「日よう日《び》」のように、言葉が重なってにごる読みがあることにも注意します。

4ページ

1 ①木 ②木 ③木 ④木
2 ①口 ②口 ③口 ④口
3 ①日 ②日 ③日 ④日
4 ①目 ②目 ③目 ④目

5ページ

5 やま・ざん・やま
6 はやし・さんりん
7 かわ・がわ
8 みず・すい

チェックポイント どれも自然に関係する漢字です。関連づけて覚えるのもよいでしょう。「林」は、一見同じ文字が二つ並んでいるように見えますが、「とめ」「はらい」などが異なるので、注意して覚えます。

6ページ

5 ①山 ②山 ③山 ④山
6 ①林 ②林 ③林 ④林
7 ①川 ②川 ③川 ④川
8 ①水 ②水 ③水 ④水

7ページ

9 つき・げつ・がつ
10 て・しゅ
11 た・すいでん・た
12 いっ・いち・ひと

チェックポイント 「月」は、三日月の形からできた漢字です。音読みの「ゲツ」「ガツ」もしっかり覚えておきます。「田」は、筆順をまちがえやすい漢字です。注意して書くようにします。

8ページ

9 ①月 ②月 ③月 ④月
10 ①手 ②手 ③手 ④手

11 ①田 ②田 ③田 ④田

12 ①一口 ②一 ③一 ④一つ

9ページ

1 ①て・くち ②いちがつ・がつ
③やま・き ④かわ・みず
⑤はやし・ぐち ⑥こ・ひ
⑦かめ・つき ⑧みず・め
⑨さんりん・た ⑩すいでん・つき

10ページ

1 ①山・川 ②水・手 ③日・日
④月・日 ⑤林・木 ⑥一
⑦目・口 ⑧日 ⑨目・一つ
⑩田 ⑪山林・木 ⑫月日

11ページ

13 に・に・ふた

14 さん・さん・みっ

15 ほん・いっぽん

16 よん・よ・し

チェックポイント 「本」の最後の横画は、左右の画に付かないように書きます。バランスよく書けるように気をつけます。

12ページ

13 ①二 ②二 ③二つ ④二

14 ①三 ②三 ③三つ ④三日

15 ①本 ②本日 ③本 ④一本

16 ①四 ②四日 ③四 ④四

チェックポイント 15 ④「一本《いっぽん》」の「本」は細いものを数えるときの言葉ですが、「三本《さんぼん》」など読み方が変わります。何かを数えたりして、身近なところで、正しい読み方を覚えるようにするとよいでしょう。

13ページ

17 ごがつ・いつか・いつ

18 むっ・ろっ・むいか

19 しち(なな)・なのか・なな

20 はち・はち・ようか・やっ

チェックポイント どれも数を表す漢字です。14ページの用例などを見ながら、後に付く字によって読み方が変わることをしっかり覚えます。

14ページ

17 ①五日 ②五本 ③五つ ④五つ

18 ①六日 ②六本 ③六つ ④六

19 ①七月 ②七 ③七日 ④七

20 ①八つ ②八本 ③八日 ④八

15ページ

21 きゅう・ここの・くがつ

22 じゅうご・とおか・じっぽん

23 きん・かね・かな

24 み・み・けん

チェックポイント 「九」は、二画の漢字ですが、筆順をまちがえやすい漢字です。また、形のとりにくい漢字でもあるので、ていねいに書く練習をします。

16ページ

21 ①九つ ②九本 ③九 ④九

22 ①十 ②十本 ③十日 ④十

23 ①金 ②金 ③金 ④金

24 ①見る ②見せる ③見 ④見える

17ページ

1 ①よっか・いつか ②むいか・なのか
③ようか・ここのか ④ふた・やっ
⑤じゅう・けん
⑥にがつ・ついたち・きん
⑦しちがつ・とおか ⑧かな・ご
⑨ほんじつ ⑩なな・み

18ページ

1 ①金・見る ②二・本 ③三・五
④六十九 ⑤四 ⑥八日・九日
⑦二つ・三つ・四つ ⑧本
⑨七月・十日 ⑩見 ⑪金

⑫五つ・九つ

19ページ

1 ①いちがつ・とおか・げつ
②にがつ・なのか・すい
③さんがつ・ようか・ここのか
④しゅ ⑤みっ・さんりん ⑥た・みず
⑦め・くち・て
⑧はやし・き・じっぽん
⑨もく・きん ⑩やま・かわ・み

20ページ

1 ①金 ②七つ ③四 ④田・水 ⑤見
⑥九月 ⑦手本・見る ⑧一月五日
⑨三・七・十 ⑩金・六つ
⑪目・口・手 ⑫林・木

21ページ

25 なか・ちゅう・いちにちじゅう
26 ひと・さんにん・ひとり
27 あし・た・そく
28 おお・たい・おとな

チェックポイント 「人」と23ページの「入」の向きをまちがえて書かないよう、それぞれ注意します。「大」は、訓読みの送りがなに気をつけます。「大きい」を「大い」としてしまいがちです。

22ページ

25 ①中 ②中 ③中 ④中
26 ①人 ②六人 ③人 ④人
27 ①足 ②足りる ③一足 ④足
28 ①大きな ②大木 ③大 ④大

23ページ

29 はい・い・にゅう
30 ちい・しょう・おがわ
31 あお・せい・あお
32 た・た・りつ

チェックポイント 「入」と「人」など形のよく似ている漢字は、その違いに注意して覚えるようにします。また「入」は、筆順にも注意が必要です。

24ページ

29 ①入 ②入れる ③入る ④入り
30 ①小さい ②小 ③小人 ④小川
31 ①青 ②青 ③青い ④青
32 ①立ち ②立てる ③立つ ④立

25ページ

33 ちから・りょく・りき
34 そら・くう・から
35 いちねん・とし・にねん
36 こ・し・こ

26ページ

チェックポイント 「子」は、形のとりにくい漢字です。二画目の形やはねに注意します。また、総画数は三画ですが、二画とまちがえやすいので、最初に正しく書くことで、しっかり覚えるようにします。

33 ①力 ②力 ③力 ④力
34 ①空 ②空 ③空 ④空ける
35 ①一年 ②五年 ③年 ④年
36 ①子 ②子 ③子 ④子

27ページ

1 ①なか・はい ②せいねん・た
③おがわ・あし・い ④りょく・た
⑤そく ⑥だい・ちゅう・しょう
⑦あ ⑧とし・こ ⑨ちから・ひと
⑩あおぞら・おお

28ページ

1 ①大小 ②大きい・三年 ③空・入れる
④足・中・入る ⑤力 ⑥青い・空
⑦手足・小さい ⑧立 ⑨立ち
⑩力・足りない ⑪年 ⑫子・年

29ページ

37 しろ・しろ・はく
38 みぎ・ゆう・う

39 おとこ・だんし・なん
40 おんな・じょし・だんじょ

チェックポイント　「右」と、35ページの「左」は、形はよく似ていますが、一画目と二画目の筆順が違います。正しく覚えるようにします。「女」は、筆順をまちがえやすく、形もとりにくい漢字です。横の画を最後に書くことに注意して書きます。

30ページ

37 ①白　②白い　③空白　④白い
38 ①右　②右　③右　④右手
39 ①男　②男子　③男　④男
40 ①女　②女子　③女　④女

31ページ

41 てん・てん・あま
42 むら・むら・そん
43 まち・ちょう・まち
44 うえ・あ・じょうくう

チェックポイント　「天」の一画目、二画目は長さが違います。上（一画目）が長いことを、しっかり覚えます。「上」は訓読みが多く、送りがなもまちがえやすいので、しっかり覚えて正しく読めるようにします。

32ページ

41 ①天　②天　③天　④天
42 ①村　②村　③村　④村
43 ①町　②町　③町　④町
44 ①上　②上　③上がる　④上空

33ページ

45 おと・おん・ね
46 あめ・あま・うてん
47 もり・もり・しんりん
48 いぬ・けん・いぬ

チェックポイント　「雨」の五画目以降の四つの画の向きは、まちがえやすいので注意します。「森」の下の部分は、「林」同様、一見同じ字がならんでいるように見えますが、「とめ」「はらい」などが違います。上の部分とのバランスも見ながら正しく書きます。

34ページ

45 ①足音　②音　③音　④音
46 ①雨　②雨天　③大雨　④雨上がり
47 ①森　②森　③森　④森林
48 ①犬　②犬　③犬　④犬

35ページ

49 ゆう・ゆう・ゆうひ
50 むし・むし・ちゅう
51 にせん・ち
52 ひだり・ひだり・さゆう

チェックポイント　「右」と「左」の筆順の違いに気をつけます。筆順には主なきまりがありますが、例外もあるので、一字一字を正しい筆順で書いて漢字を覚えるようにします。

36ページ

49 ①夕日　②夕　③夕　④夕
50 ①虫　②虫　③虫　④虫
51 ①千　②二千　③千　④三千人
52 ①左　②左右　③左足　④左

37ページ

1 ①しろ・むし　②まち・ちょう　③みぎ・ひだり　④せん・いぬ　⑤うえ・ゆうひ　⑥おとこ・おんな　⑦しんりん・あめ・おと　⑧もり・じょうくう　⑨うてん　⑩むら・そん

38ページ

1 ①森林　②白い・犬　③左右　④夕・町　⑤虫・音　⑥音　⑦千年・森　⑧天・見上げる　⑨男女　⑩村・音　⑪町・村　⑫天・雨

39ページ

1 ①ちから・おんな・こ　②てん・みあ
③むら・まち・おとこ
④あお・しろ・そら　⑤た・さゆう
⑥しんりん・ゆうひ　⑦おお・いぬ
⑧ちい・むし・あしおと
⑨しょう・にゅう　⑩あめ・なか・ひと

40ページ

1 ①大きい・女・子　②小さい・虫・音
③町・村　④犬・入れる　⑤森林・雨
⑥右足・左手　⑦青い
⑧男・立ち上がる　⑨力・入る
⑩夕立・空　⑪青年・千人
⑫上空・白い

41ページ

53 した・お・さ
54 やす・きゅうじつ・やす
55 な・めいげつ・みょう
56 ひゃく・ごひゃく・ひゃっ

チェックポイント 「下」は訓読みが多く、送りがなによって読み方が変わります。正しい使い方をしっかり覚えます。「百」は、一画目をしっかり長く書くようにします。下の部分とのバランスに注意します。

42ページ

53 ①下　②下ろす　③下げる　④下
54 ①休み　②休み　③休める　④休
55 ①名　②名　③名月　④名人
56 ①百　②百　③百　④百

43ページ

57 えん・ひゃくえん・まる
58 ぶん・ぶん・もん
59 じ・じ・じ
60 ただ・しょうがつ・せい

チェックポイント 「正」は、送りがなに注意します。「正い」としないように気をつけます。

44ページ

57 ①円い　②千円　③円　④円
58 ①文　②文　③文　④文
59 ①字　②字　③字　④字
60 ①正しい　②正す　③正月　④正

45ページ

61 おう・おうじ・おうじょ
62 みずたま・たま・たまい
63 せい・い・う
64 だいがくせい・がっ・がくねん

46ページ

チェックポイント 「王」や「生」の読み方に注意します。現代かなづかいは標準の発音どおりに書くのが原則ですが、「おうさま」を「おおさま」、「せんせい」を「せんせえ」と書かないよう気をつけます。

61 ①王　②女王　③王子　④王
62 ①玉　②玉　③玉虫　④玉入
63 ①生　②生きる　③生まれる　④生日
64 ①大学生　②学年　③学　④学ぶ

47ページ

1 ①ぶん・ひゃくじ
②がくせい・じゅうめい
③ひゃくえんだま・まる
④せい・な　⑤おうじ・う
⑥きゅうじつ・じょう
⑦した・は　⑧ただ・じ
⑨お・やす　⑩い・まな

48ページ

1 ①正しい・字　②休日・下
③十円玉・円い　④下げる
⑤文学・学ぶ　⑥名月
⑦川下・休む　⑧王女
⑨百・生まれる　⑩下・下ろす

⑪文　⑫学・名

49ページ

65 はな・はな・か
66 そう・くさばな・くさ
67 たけ・たけ・ちくりん(たけばやし)
68 つち・ど・と

50ページ

65 ①花　②花　③花　④花
66 ①草　②草木　③草　④草
67 ①竹　②竹　③竹　④竹林
68 ①土　②土　③土　④土

51ページ

69 がっこう・こう・こう
70 か・ひ・か
71 いと・いと・いと
72 くうき・き・け

> **チェックポイント**　「火」は、特に筆順に注意します。真ん中の長い画から書き始めがちですが、外側から書くのが正しい筆順です。「糸」は、画数に注意します。

52ページ

69 ①学校　②校　③校　④校
70 ①火　②火　③火　④火
71 ①糸　②糸　③糸　④糸
72 ①気　②気　③空気　④水気

53ページ

73 くるま・しゃ・しゃ
74 で・だ・しゅっ
75 せんせい・さき・さき
76 しゃく・いし・せき

> **チェックポイント**　「出」は、特に筆順に注意します。真ん中の縦の画から書き始めることをしっかり覚えます。「先」は、「はらい」と「はね」の部分をしっかり書くようにします。また、上の部分と下の部分のバランスにも気をつけます。

54ページ

73 ①車　②車　③車　④糸車
74 ①出　②出　③出　④出
75 ①先生　②先　③先　④先
76 ①石　②石　③石　④石

55ページ

77 かい・がい・かい
78 みみ・みみ
79 はや・はやくち・そう
80 あか・あか・せき

> **チェックポイント**　「貝」は、読み方が訓読みひとつだけの漢字です。形がよく似た「目」とまちがえないように注意します。

56ページ

77 ①貝　②貝　③貝　④貝
78 ①耳　②耳　③耳　④耳
79 ①早く　②早い　③早　④早める
80 ①赤　②赤い　③赤らめる　④赤

57ページ

1 ①くるま・で　②ひ・くうき
③あか・いと　④がっこう・いし
⑤せんせい・しゃ　⑥みみ・かい
⑦か・つち　⑧くさばな・はや
⑨ちくりん(たけばやし)・か
⑩か・しゅっ

58ページ

1 ①火・出かける　②車・学校　③車・先
④竹林　⑤気　⑥貝・耳　⑦赤い・糸
⑧先日・花見　⑨石　⑩早く・火
⑪草花　⑫土・石

59ページ

1 ①はや・がっこう　②きゅうじつ・で
③ひゃくえんだま　④いとぐるま
⑤みょうじ・ただ　⑥はなび・あか

⑦くさき・は　⑧け　⑨かい・みみ
⑩おうじょ　⑪せんせい・か
⑫たけ・お

チェックポイント　⑧ここでは「気」を「き」と読まないように注意します。よく読みまちがう熟語です。

60ページ

1 ①生け花・先生　②学校・名人
③土・早　④正しい・文字
⑤百円玉・円い　⑥火山　⑦石・下る
⑧耳　⑨早口　⑩車・休む　⑪気
⑫竹林・出る

61ページ

1 ①㋐つき　㋑がつ
②㋐はやし　㋑りん
③㋐まる　㋑えん
④㋐みず　㋑すい
⑤㋐むし　㋑ちゅう

2 ①さ(がる)・お(りる)
②う(まれる)・い(きる)
③はい(る)・い(れる)

3 ①さゆう・みみ　②あお・そら

62ページ

1 ①子　②白　③左　④小　⑤女　⑥下

2 ①㋐　②㋑　③㋐

3 ①一年生　②村・人　③雨・中
④赤い・玉　⑤足音・立てる
⑥正しい・字

63ページ

1 ①㋐から　㋑あ　㋒くう
②㋐せい　㋑しょう　㋒ただ
③㋐ちから　㋑りょく
④㋐ぶん　㋑もん

2 ①じ　②くるま・まち　③かわ・くだ
④せんねん　⑤あお・しろ
⑥ひゃく・い

64ページ

1 ①㋐　②㋑　③㋐

2 ①土・上　②玉・王　③右・石

3 ①早口　②日・足　③空・月・出る
④竹・八本　⑤年　⑥二人・出

65ページ

1 ①㋑　②㋑　③㋐

2 ①ど・と　②こう・く　③あめ・あま

3 ①しろ・げ　②おんな・こ・かい　③た
④せっ・て　⑤がっこう・やす
⑥むいか

66ページ

1 ①㋐　②㋑　③㋐

2 ①㋐夕　㋑右　②㋐小　㋑子

3 ①上・花　②村・森林　③大木・下
④赤・青・糸　⑤草・虫　⑥天気・日

67ページ

1 ①㋐おお　㋑だい　㋒たい
②㋐こ　㋑お　㋒しょう
③㋐で　㋑だ
④㋐いちにち　㋑ついたち

2 ①なのか　②こかげ　③ようか

3 ①ほん・じっ　②いぬ・せいねん
③か・き　④ひゃくえんだま

68ページ

1 ①百　②名　③早

2 ①小さな　②九つ　③下げる　④生える
⑤休む

3 ①六・車　②耳・水　③力・手
④八・虫　⑤上・立つ　⑥先生・目

69ページ

1 ①㋐　②㋑　③㋑

2 ①な・めい　②せん・さき
③ゆう・みぎ

3 ①いぬ・みみ　②いつ　③しろ・おとこ
④むらびと・た　⑤やま・ゆうひ
⑥もり・くさばな

70ページ

1 ①火・水・金　②四・五

2 ①見・貝　②校・休　③町・男

3 ①音・学ぶ　②文　③千円　④川・入る　⑤王女　⑥十本・雨

メモ

メモ